U0594229

高校人力资源管理与创新发展研究

刘　宁　陈学宽　杨　威　著

吉林出版集团股份有限公司丨全国百佳图书出版单位

图书在版编目（CIP）数据

高校人力资源管理与创新发展研究 / 刘宁, 陈学宽,
杨威著. -- 长春 : 吉林出版集团股份有限公司, 2023.4
ISBN 978-7-5731-3290-1

Ⅰ.①高… Ⅱ.①刘… ②陈… ③杨… Ⅲ.①高等学
校—人力资源管理—研究 Ⅳ.①G647.23

中国国家版本馆CIP数据核字(2023)第082510号

高校人力资源管理与创新发展研究

GAOXIAO RENLI ZIYUAN GUANLI YU CHUANGXIN FAZHAN YANJIU

著　　者	刘　宁　陈学宽　杨　威
出 版 人	吴　强
责任编辑	孙　璐　王　博
开　　本	787 mm × 1092 mm　1/16
印　　张	7.5
字　　数	160千字
版　　次	2023年4月第1版
印　　次	2023年8月第1次印刷
出　　版	吉林出版集团股份有限公司
发　　行	吉林音像出版社有限责任公司

（吉林省长春市南关区福祉大路5788号）

电　　话	0431-81629679
印　　刷	三河市嵩川印刷有限公司

ISBN 978-7-5731-3290-1　　定　　价　45.00元

前　　言

　　当前，在知识经济时代，人们对高校的良好发展给予了较大的关注。而高校作为培养社会人才的地方，其自身的人力资源管理显得尤为重要。高校只有具备科学的人力资源管理方式，才能为人才培养创造良好的人力资源基础。随着科学技术的飞速发展，高校人力资源管理工作要不断地进行创新，才能满足高校快速发展的要求。高校人力资源管理的科学发展包含多个内容，其管理方式应蕴含着科学管理原理和人本思想；把握高校人力资源发展的动态性；不断优化人力资源结构，消除各种阻碍人力资源科学发展的不利因素。在科学发展和创新发展中，使人力资源管理成为高校发展的有力保障。

　　在国家大力推行创新驱动发展战略以实现可持续发展的影响下，高校对于人力资源管理问题展开深入研究，通过提高人力资源管理水平使高校竞争力得到提升，从而使其得到长远的发展。本书从高校人力资源管理观念出发，通过高校人力资源的规划，达到高校人力资源的优化配置；然后针对招聘管理、培训与开发、薪酬管理、成本管理以及人事档案管理等全面地展开叙述；同时高校的管理离不开行政的支持以及人事制度的制约，因此，本书在创新发展方面分别分析了高校教师多维绩效考核创新、教师二元激励机制创新以及高校人力资源管理机制信息化的构建。因此，完善高校人力资源配置机制、建构人力资源配置体系、改革高校师资管理模式和创新高校人事制度等，对于优化高校教师人力资源配置，提高高校教师人力资源配置效率，发展我国高等教育事业，促进科教兴国和人才强国战略的实施具有重要意义。

　　本书可供高校管理人员参阅与借鉴。本书在编写过程中，由于时间仓促，难免存在疏漏或不当之处，望广大读者批评指正。

著　者
2023 年 1 月

目　　录

第一章
高校人力资源管理概述

第一节　高校人力资源管理的理论分析

21 世纪的竞争，主要是人才的竞争。高校作为知识创新中心和高层次人才培养主要基地，其人力资源开发能力和管理水平是衡量高校办学水平的基础性指标之一，在很大程度上影响着高校的改革和发展。因此，努力加强高校人力资源的管理、利用和开发，是提高高校核心竞争力的重要途径。高校人力资源的范围较广，是从事教学、科研、管理和后勤服务等方面工作的教职员工总体具有的劳动能力的总和。一是高校人力资源管理是以人为本的能动性管理。能动性是人力资源的一个根本性质，在人类社会的诸多资源中，人力资源是唯一具有创造性的资源。二是高校人力资源管理是人力资源的整体性开发。高校人员类型很多，既有教学科研及其辅助人员，又有党政管理人员，还有大量的后勤服务人员，不同人员在学历层次、知识结构、能力水平等方面都存在较大差异，而教学、科研群体的学术劳动力是高校人力资源的主要组成部分。因此，做好高校人力资源的整体性开发，就是要合理配置各方面的人才，以教师为主体，挖掘教师的教学和科研潜力，正确处理好局部与整体的关系，把人力资源的潜能转化为效益。三是高校人力资源管理是各项管理工作的核心。高校教学、科研、管理、后勤服务等各项工作协调发展，取决于人力资源系统各要素之间的协调关系，取决于人力资源的合理配置。所以，高校的各项管理工作都建立在人力资源管理的基础之上，高校人力资源的质量在很大程度上影响着高校教育质量、科研水平和办学效益。

高校人力资源管理目标，一是科学合理地进行人力资源开发管理，促进人力资源价值实现，最终实现高校的组织目标；二是降低人力资源的投入成本，增加人力资源的资本收益，实现高校管理效益最大化；三是提高以教书育人、管理育人和服务育人为己任的教职工素质；四是实现学生素质的整体提高。

一、高校人力资源管理

高校人力资源管理是指高校高层管理者为实现高校人力资源扩大再生产和合理分配人力资源而进行的人力开发、配置、使用、评价诸环节的规划、组织、调节和控制，最大限度地发展教职工的积极性，达到高校整体工作目标的活动过程。高校人力资源管理的对象是从事教育、教学、生产、科研、财务、行政和经营管理工作的教师、职工与管理人员。高校人力资源管理的目的是合理组合、科学安排高校人力，形成最佳结构与合力，最大化地提高高校管理经济效益、社会效益、教育效益、科学效益和生态效益，推动知识经济的发展。高校人力资源管理重要而突出的功能，是对高校人力资源的开发，一是对高校教职工的充分发掘与合理利用；二是对教职工的培养与发展。高校人力资源管理主要涉及选人、育人、用人、留人等内容，每一个方面的工作既是交叉的，也是相互影响的，其具体内容可以概括为以下两个方面。

（一）高校人力资源规划

高校人力资源规划（高校人力资源计划）指的是高校根据发展战略、教育目标、管理目标以及高校环境的变化，科学地预测、分析高校在未来教育、教学、科研、经营管理和环境中的教职工等人力资源供给与需求状况，从而制定相应的政策与措施，保证高校在适当的时间和一定岗位上获得所需人才的数量与质量，并使高校与教职工的长期利益得到满足。高校人力资源规划有长期、中期和短期三种，长期规划为 5 年以上，是对具体原则、方向的概括说明；中期规划为 1~5 年，对具体要求与政策有较为明确的说明；短期规划一般为年度规划，是具体执行计划，是中长期计划的实施与落实。高校人力资源规划的目的，一是制订高校的战略目标和发展规划。因为高校高层管理者制订战略目标与发展规划时要考虑高校资源，特别是教职工的情况，有了人力资源规划，高层管理者就能了解高校目前教职工的余缺状况，并有效进行目标决策；二是检查高校人力资源备选方案与政策的效果，从而有效地总结高校人力资源管理的经验教训，不断改进工作，提高人力资源管理效益。由此，高校人力资源管理规划有五项主要任务：

一是根据高校总的战略发展规划和中长期教育、教学、科研与经营管理计划，研究"买方市场"的变化走向，掌握科学技术发展与教育改革方向，确定高校教职工的需求数量和质量；二是高校人力资源要研究国家、地方国民经济发展现状与计划，高校所在地区未来人口变动及规划期内人口出生的变化状况，本地区未来高校发展布局调整及高校自身规模变更状况，高校形态与组织结构的变化趋向，进而推定未来高校教职工需求的变动情形；三是分析高校现有教职工的素质、年龄结构与性别结构、学历结构与职称结构、流动趋向与缺勤率、工作士气与情绪的消长走势等状况，决定完成教育、教学、生产、科研、财务、行政和经营管理工作所需各种学历、类别、专业和职称等级的人才；四是调查分析未来高等师范院校各专业各层次毕业生素质、数量和质量状况以及人才市场的供需状况，确立高校可以从高校毕业生、社会人才供给中直接获得或与高师及教育学院合作预先培训的各种学历、类别、专业和职称等级的人才。如果发现上述渠道不可能满足某种学历、类型、专业和职称等级的人才，还要自己制订培训计划，培养高校急需之人才；五是寻求高校人力资源规划体系中各项具体计划的平衡，并使其与高校发展规划和教育、教学、科研、经营管理工作计划互相衔接。

（二）高校人力资源开发

高校人力资源开发指的是高校高层管理者运用科学的方法，发现、发展和充分利用教职工的士气和创造力，提高教育、教学、科研和经营管理效率、效果与利益的活动，包括选人、育人、用人和留人等内容。

选人，即选拔聘用教职工，是高校人力资源开发的重要内容。高校选聘教职工的途径有：一是内部选聘。主要根据平时绩效考评与平时工作状况择优聘任，签订合同，发给聘书。内部选聘可以鼓舞士气，激发上进心；高校内部教职工对高校整体工作目标、发展过程与存在的问题了解充分，既能有效开展工作，具有继承性，又能形成高校优良传统；高校内部教职工互相了解，任用中能扬长避短。二是外部招聘。高校根据教职工的任职资格和条件，采取媒体、人才机构到高校、其他高校和部门，通过笔试、情景模拟与试教、面试等程序公开招聘教职工。高校选聘教职工必须坚持计划性、公正性、科学性、平等性等基本原则，以及制订选聘计划、发布选聘信息、进行选聘测试（或绩效考评）和选聘决策等程序。

育人，即培养教职工，是高校人力资源开发的主要工作之一。高校育人主要通过岗前培训、在职培训和脱产培训等形式对教职工进行思想道德教育、基础知识教育与基本技能训练、专业知识教育与专业技能训练、高校管理知识与技术教育、教育方针政策与法规教育以及公共关系知识与人际关系技能培训等。

用人，一要量才录用，用其所长，避其所短，充分调动人的积极性，激发潜能，达到事半功倍的效果；二要合理协调高校人员结构，充分发挥教职工个人优势与集体优势；三要根据教职工的身心要求，重新设计工作，尽可能使工作丰富化，不断提高工作效率；四要注重工作环境设计，为教职工创造一个舒适的工作环境。

留人，即留住人才，是高校人力资源开发的关键。要吸引教职工长期为高校效力，高校高层管理者在人力资源开发中一定要善于激励。有效的激励必须认清个体差异，使人与职务相匹配；运用目标，确保个体认为目标是可以达到的；个别化奖励，使奖励与绩效挂钩；激励不分亲疏，努力保持公平性；精神激励与物质激励相结合，但千万不要忽视物质因素，在科学理论基础上，遵循高校目标与个人目标相结合、物质激励与精神激励相结合、外在激励与内在激励相结合、正激励与负激励相结合、按需激励与民主公正激励相结合的基本原则，激发教职工内在动力和要求，使其发奋努力进行工作质量与生产质量创造。高校高层管理者在人力资源开发中要强化留人举措，带领并引导教职工朝着预定的教育目标和管理目标方向前进。高校人力资源评价教职工绩效评价是高校人力资源管理的重要组成部分。高校教职工绩效评价，就是收集、分析和评价教职工的工作态度、行为与工作结果方面的信息，以确定其工作实绩并将绩效价值判断结果反馈给本人的过程。绩效评价的目的，主要是帮助教职工认识自己的优点与不足，并针对教职工的实际需要制定培训计划，改进其未来工作行为，推动高校整体工作目标的达成。同时，教职工绩效评价也是制定高校劳务报酬和奖惩制度以及职称评定、职务升迁的客观依据。教职工绩效评价要遵循公正性、规范性、确切性、客观性和科学性原则，运用因素评法、相互比较法和查核表法等，定期或不定期地、定性或定量地对教职工的工作实绩和行为表现等方面进行评价。在程序上坚持自我考评、民主考评、绩效考评等环节，着力在"实际程度"（实际绩效与目标及标准值之比）、"复杂困难程度""努力程度"等要素上进行分析考评，以"达到程度"为主。

二、高校人力资源管理工作未来的发展定位

高校作为一个培养高层次人才，生产和传播新知识、新思想的重要基地，以及它在国家创新体系中的重要地位，高校的各级领导和管理部门应对人力资源管理给予充分重视，积极开展人力资源管理工作，并对未来工作的开展进行准确定位。

（一）人力资源管理者素质的提高

作为从事高校人力资源管理的高校管理者，需要具有良好的人力资源管理技巧，特别是要正确地掌握好对具有较高教育程度的、高校紧缺专业人才、高科技人才、中青骨干人才及刚刚加入这个队伍的青年人才进行激励的技巧。现代人力资源管理的方向是将传统的经验型、行政型管理转变为科学化、标准化、规范化的管理，管理者应当具有丰富的专业知识和良好的文化素养，尤其是要坚持与时俱进，进一步解放思想，转变观念。高校管理者应以全新的人力资源管理观念作为未来工作的指导，这样不但有利于高校体制改革的逐步推进，而且有利于高校整体活力的激发。

（二）人力资源管理机制的健全

人才资源管理机制是高校人力资源管理工作中不可缺少的要素，也是最为重要的一个环节。在人才使用管理中，在坚持权利与义务相一致的同时，必须把激励机制与约束机制结合起来，调动教师的积极性和主动性；新的管理方式应以提供优质服务为主，促进人力资源管理作用的发挥，包括信息服务、科研服务、教学服务，牢固树立以人为本的服务理念；合理地配置各类人力资源，实现人尽其才，最大限度地挖掘人力资源的潜能，实现人

才使用的最优化配置。

（三）人力资源管理新观念的导入

只有管理新观念的导入，才会对今后的管理工作给予正确的指导，树立高校人本观念。重视人的因素、发掘人的潜力、激发人的主动性，建立一套有利于各类人才成长和发挥作用的机制，把人才培养与人才使用结合起来。关注人才职业生涯的发展，高校参与人才职业生涯规划的指导和管理，关键是要为人才的成长和发展创造一个舞台，使其能够充分施展才华，同时对其发展给予适当帮助和及时引导，让其尽快找到一条科学而合理的成长之路，在实现自我价值的同时，也实现了人才的社会价值。高校的人才真正做到业务精专、教学科研并重，并且乐于奉献、爱岗敬业。在市场经济和知识经济高速发展的今天，高校应牢固树立人才资源是未来高校发展的第一资源的理念，积极导入全新的人力资源管理观念，建立健全合理、有效的人力资源管理机制，科学合理地完善高校人力资源结构，以期实现高校人力资源管理的科学化、规范化，进而增强高校在未来发展中的竞争实力。

第二节　高校人力资源管理的重要性及其意义

一、高校人力资源管理的重要性

高校人力资源管理是指在高校为了实现其发展目标，运用科学的方法对其内部人力资源进行组织、计划、协调和控制，以实现全体教职工的录用、培训、考核、调配直至离职退休的过程。人事管理的效率对高校实现其战略性发展目标有着直接而重要的影响。

高校人力资源管理目标是调动教职员工的积极性、创造性。科学合理的岗位设置、严格周密的绩效考核、公平公正的竞争机制、有效的激励分配机制、灵活配套的管理措施等是调动教职员工的积极性、创造性的关键，也是深化高校人事制度改革，优化教师队伍结构，提高教育质量、科研水平和办学效益的关键。充分认识高校人力资源和人力资源管理的特征，对于发挥高校人力资源的整体优势，形成整体合力，提高高校的竞争水平和综合实力，推进高校可持续发展具有非常重要的意义。

（一）能够为高校创造良好的科研与教学环境，培养和谐的人际关系，提升教学与科研水平

人文环境是一种文化，它孕育于高校对学术和教学质量的长期重视当中。良好的人文

环境能够使人心情舒畅，在人与人之间增加和谐的因素，更能促使人尽情地发挥自己的才能。

（二）增强高校核心竞争力，助推高校跨越式发展

高校的学术实力源于教职工的工作质量并直接影响到高校声誉，以至于关系到高校赖以生存和发展的生源。通过对人力资源科学地管理，形成一种人尽其才的教学与科研局面，提升师资队伍的整体素质，吸引更多的人才慕名而来。

（三）加强高校人力资源管理对社会经济发展具有重要意义

高校拥有丰富的人才资源，高校人才队伍是国家知识创新的重要力量和高层次人才队伍的重要组成部分，是实施科教兴国战略和人才强国战略的强大生力军和动力源。因此，必须通过加强高校人力资源的开发与管理，建设一支结构合理、素质精良、具有团队意识、富有创新精神的高校人才队伍。唯有如此，高校才能为社会经济的发展，为国家、民族的进步提供强有力的保障。

（四）加强高校人力资源管理是高校战略发展的需要

高校作为培养高素质创造性人才的摇篮与知识创新的重要基地，在国家的社会经济和文化建设中具有重要地位。它既是人才的培养者，也是人才的使用者，同时还肩负着培养各级各类人才、全面提高劳动者素质的历史使命，因此，高校拥有着人才密集的优势。但这还只是一个量的优势，要真正发挥质的优势，就要回归到对高校人力资源进行现代化的开发与管理。因此，在新的形势下，如何真正做到人才的"为我所用"，提高高校教师的积极性，加快培养适合经济需求的人才，则是高校人力管理工作者遇到的新课题。

（五）加强高校人力资源管理是高校目前人事管理现状的需要

有效开发高校的这一活资源，实现高校人事管理向人力资源开发管理的转变，以人为本是关键，可以寻求多样的管理模式，比如柔性化的人力资源管理，即柔性管理。它是一种将调动人的主动性、积极性和创造性与促进人的自由全面发展放在首位的管理模式。

（六）加强高校人力资源管理是高校教师自我发展与提升的需要

在高校的发展过程中，学科建设是龙头，教师队伍建设是中心。通过加强高校人力资源管理与开发，对高校人力资源职业生涯进行规划与指导，积极关注高校人才的需求，为他们营造一个良好的教学科研氛围，促进他们自身的发展与提升，从而可以更好地保障高校发展战略的实现。与此同时，高校的发展层次与水平的提高又能为高校人力资源自身的发展提供一个更好、更广阔的平台。因此，必须通过加强高校人力资源管理，促进人才队

伍合理有序地流动，强化教学科研的中心地位，调动工作积极性，激发他们的潜能与创造力，以建设一支高素质、高效能的人力资源队伍，从而更好地促进高校的发展与提升。

二、高校人力资源管理的意义

高校作为从事高层次教育活动的组织，是人力资源集中的场所，加强高校人力资源管理具有重要的意义。

（一）加强高校人力资源管理有助于提高高校整体的竞争力

高校的每项工作都要靠人去完成，教学、科研、后勤服务等管理工作的协调与发展，取决于高校的教师、研究工作者和行政管理及服务人员的整体素质。所以，高校的管理都是建立在人力资源管理的基础之上的。如果高校能更加注重人力资源管理，就会提升高校的核心竞争力，使高校在竞争中立于不败之地。

（二）加强高校人力资源管理有助于形成科学合理的绩效考评机制

绩效考评既是教师管理的重要形式，又是激励教师的重要手段，还是教师职务聘任的基础条件。加强高校人力资源管理，高校就可以建立一套科学严格的针对不同人员的考核体系，以减少管理的随意性，提高抗干扰力，真正使考核公正公平。

（三）加强高校人力资源管理有助于建立完善的人才引进机制和人才培养机制

人力资本是积累与增长的结果，需要通过对人力资源进行培训才能形成。高校人才的来源有两种途径，一种是高校自身培养，以便开发和合理利用，这是许多高校在发展初期的主要人才来源；另一种是引进人才，高校在发展过程中也应重视人才引进，尤其是高校发展到一定阶段，更应重视人才引进，以便形成更加良好的人才结构。

（四）加强高校人力资源管理有助于建立全员聘用和有效激励的管理机制

高校人力资源管理的一项重要任务就是通过激励机制，吸引、开发和储备人才，激发高校教师的工作热情、想象力和创造力。通过建立相应的奖惩制度、晋升制度及福利补贴制度等，激发调动高校教师的积极性和主动性，并激发其内在动力。

高校人力资源管理是随着管理理论和人力资本理论的出现、发展而兴起的一个新领域，所以高校要从以前传统的注重人事管理向现代的注重人力资源管理转变可能需要一段时间，但是，高校必须重视人力资源管理是大势所趋，必须高度重视人力资源管理的重要性。只有这样，才能解决目前高校人事管理中存在的问题，激励教职工的积极性和创造性，增强高校的办学活力，提高办学效益，最终达到提升高校竞争力的目的。

三、高校人力资源对于高校的意义

当今世界的竞争，归根到底是人才的竞争。从这个意义上来讲，高校的发展能力与水平是由人力资源水平决定的。近年来，各个高校都十分注重引进高层次人才，对学历、学习背景的要求越来越高，这也在一定程度上证明了人力资源对于高校的重要意义。

（一）对高校可持续发展能力的意义

高校可持续发展的能力主要体现在三个方面，一是培养出来的学生质量；二是高校的科学研究能力和水平；三是高校的管理能力和水平。要想培养高质量学生，增强科研能力，提高管理水平，基础就是人力资源。因此，高校人力资源状况对于高校的可持续发展能力具有重要意义，决定着高校的发展前景。

（二）对高校整体实力与水平的意义

人力资源影响高校的可持续发展能力，从一定意义上说是通过影响高校的整体实力与水平来表现的。高校的实力与水平的硬件体现在经济实力以及由此改进的办学设施，这与人力资源关系并不密切，软件主要体现在师资队伍、科研能力上。而师资队伍和科研能力是由人力资源水平完成的，因此，人力资源水平影响着高校的整体实力与水平。

四、高校管理的核心是人力资源管理

同其他组织一样，高校资源也包括人、财、物、信息等部分。对财、物、信息的管理都是通过人来实现的。高校人力资源管理的目的就是通过"人尽其才"以达到"财尽其力""物尽其用"。高校人力资源是高校的一项重要无形资产，它渗透到高校组织的整体运作系统中，能为高校创造竞争优势。

（一）高校人力资源是最活跃、最积极的生产要素，具有其他财、物、信息等资源无法比拟的重要性质

人是高校中最活跃的因素，对高校的全部活动起着支配作用。人本身就具有丰富的情感和不同的思维，在不同的时间、地点、情景中会有不同的表现。这是人同其他资源最大的区别。正是人的这种特殊性决定了人力资源的特殊性——不可复制性和不可模拟性，并且具有潜力，其潜力的发挥可能是无极限的。因此，我们在对高校进行管理时，就必须充分认识高校人力资源的特殊性，充分发挥其不可复制性的优势和自身的潜力，以使管理达到最佳效能。

（二）高校人员具有更大的能动性，对其进行管理有利于高校其他管理活动的开展

高校人员的知识结构、能力结构和道德品质结构都发展得比较理想，在教书育人、科学文化创造以及社会精神文明建设中起着重要作用。高校管理人员如具备敏锐的洞察力和先进的经营理念，就能合理有效地利用好高校的人力资源，进而使高校的物质资源、财务资源、信息资源等发挥更大的效益。如高校完善了人力资源管理，就可以建立一套完善的管理体制，包括管理体系、制度建设和管理手段等，这些都是高校高效运作的基础；完善了高校人力资源管理，就可以加强高校的资产管理，合理有效地利用高校的资源，使各科系间的资源均衡化。所以，高校人力资源是高校最宝贵的战略资源，是其他各项资源的根本。只有合理使用和开发人力资源，才能给高校带来持续的竞争力。

五、加强高校人力资源管理的对策及建议

（一）与时俱进，实现观念转变

现代高校人力资源管理的方向是建立具有中国特色的高校人力资源管理模式：树立人力资源是第一资源的观念，树立人才强国、人才强校的观念，建立正确的用人机制，充分开发和利用人力资源，使高校的各类人才适其位、用其能、献其智，最大限度地在办学兴校中发挥作用。

（二）以人为本，实施人才战略

高校在办学过程中，应坚持"以人为本"的办学原则，坚持以教学和科研为中心，树立正确的人才观念，建立正确的用人机制，始终把"人才工程"作为第一工程来抓。高校是一个人才相对集中的地方，是知识分子施展才华的舞台，也是特别需要各种人才的组织。因此，在选拔人才方面，高校应该以求才之渴、识才之眼、举才之德、容才之量和用才之胆挑选出院校所需的知识创造型、知识传授型和知识应用开发型等教研人员和具有开拓精神有能力的管理人才等，使之比例合适、配置优化、素质各具特色，适应于高校功能的发挥，满足高校发展的实际需要。

人力资源理念是人力资源工作的基础，决定着人力资源工作的成效。因此，高校要有良好的人力资源理念，对于人力资源的配置（如规划、招聘、晋升、调配、轮换等）、培训（如政治理论、职业道德、业务能力等方面的培训）、工资福利、制度建设等方面要宏观统筹，全盘考虑。在树立良好的人力资源理念中，要认真考虑"需要什么样的人才，怎样更好地吸引人才，如何充分发挥人才的作用"三个关键问题，做到"引进优秀人才，留住优秀人才，用好优秀人才"，这是做好高校人力资源工作的根本。

（三）开发人才，提高整体素质

高校人力资源开发，是指高校组织通过多种有效手段提高教职工的工作能力，提高业务水平和组织业绩的一种有计划、连续性的工作。而培养人才是开发利用人才的重要组成部分。在培养人才方面，高校应该始终贯彻理论联系实际、学以致用、讲求实效的原则，确定培训内容和目标。对高校教师的培训应该建立在继续教育与终身学习的基础上，除大力加强教师的学历教育培训外，还要加强教师以创新精神、创新意识、创新技能为核心的高新技术和先进技术等方面的培训，培养创造型人才。同时，要加强师资培训的制度化建设，坚持重点培养与整体素质提高相结合的原则，以优化教师梯队为目标，以中青年骨干教师为重点。培养具有较强竞争力的学术带头人和青年骨干教师，不断提高高校的教育教学和科研水平。此外，还要加强高校教职员工的政治思想教育，使其具有良好的职业道德和敬业精神。引进人才是建设人才队伍的有效途径，高校应该创造良好的条件，根据本单位的实际需要，多渠道、多层次、多方式引进各类所需人才，不断壮大人才队伍，提高高校的综合实力。

（四）任人唯贤，建立有效激励机制

高校在人才应用方面应把握如下三点：首先，要建立正确的用人机制。高校应本着"以人为本，效率优先，兼顾公平"的原则，广纳贤才、任人唯贤、人尽其才、才尽其用，在选拔、使用、奖励的过程中，做到公开、公平、公正，实施按需设岗、因事设职、按职择人，坚持"用人不疑，疑人不用"的原则，使其有职有权，有的放矢地开展工作，充分发挥各类人才的优势和特点。其次，要建立合理的考核机制。考核既是检验工作情况、工作绩效的一个重要环节，也是聘任、晋升和奖惩等的依据，制订切实可行的绩效考核办法和建立合理的绩效考核机制至关重要。因此，高校必须建立一套科学、公平、公正的考核评价体系，形成公平、理性、有序的竞争，使人才的贡献得到认可，使真正优秀的人才脱颖而出。最后，要实施有效的激励机制。高校应坚持按需设岗、择优聘任、责酬一致的原则，强化岗位管理，把人员待遇与岗位职责、贡献大小紧密结合起来，实行按劳取酬、优劳优酬，改革分配制度，建立重实绩、重贡献，向高层次人才和重点岗位倾斜的分配激励机制。

高校的人力资源可以分成四部分：从事教学的人员；从事科学研究的人员；从事行政管理的人员；从事服务工作的人员。高校要根据实际需要，对人力资源进行合理配置。第一，要对全校的人力资源做到心中有数，对于人力资源的发展需求、兴趣爱好等能够有所了解；第二，要在了解人力资源的基础上，知人善任，合理安排工作岗位，做到人尽其才；第三，要按照公开、公平、公正的原则和专业化、年轻化的要求选拔干部，形成有利于优秀人才脱颖而出的良性机制；第四，高校教师是宝贵的人力资源，尤其要注意对教师

的合理配置、优化组合，根据专业需求和教师教学、科研等各方面的能力合理配置，充分发挥教师的作用；第五，要建立合理的分流制度，及时调整不能胜任工作岗位的人员，避免人力资源的浪费和给工作带来损失。

（五）优化配置，建立科学管理机制

随着教育体制改革的不断深化，高校人力资源市场要适应市场经济发展的要求，建立以市场为导向的人力资源管理机制，形成高校内部人力资源市场和外部市场统一的人力资源市场体系。一是推行合理的人才流动机制，实现人力资源的优化配置。高校可以在建立相对稳定骨干层的同时，形成出入有序的教师队伍管理模式，各高校之间可以实行资源共享、互聘教师、建立客座教授制度等，聘请专家、教授来校短期工作，借助专家的业务实力，带出高水平的学术科研队伍，也可向社会招聘教师，还可返聘高级专家等多种途径，拓宽教师的来源渠道，促进教师资源的合理配置和有效利用。二是营造良好的工作环境，发展和壮大人才队伍。良好的工作环境不仅包括良好的办公环境，而且包括良好的人际关系所创造的工作氛围。面对激烈的人才竞争、市场竞争，高校在人力资源管理过程中应充分体现人性化管理的要求，把人性化管理思想融入高校人力资源管理的各个环节，注重人的差异性、层次性，强调人的不同需求，突出人的主体性和能动性，充分重视高层次人才的合理使用，采取一系列有效措施，对现有的优秀人才在政治上予以信任、在工作上予以重用、在生活上予以关心、在待遇上予以优惠，真正做到"事业留人、待遇留人、环境留人、感情留人"，使他们安心本职工作，乐于为高校的发展做贡献。只有这样，才能不断发展和壮大高校的人才队伍，提高高校的整体素质和综合实力，从而实现高校的可持续稳定发展和全面腾飞。

高校作为人才聚集和人才培养的基地，承担着人才培养、知识创新和服务社会的重要任务。高校要想培养出好的人才，首先要有高素质的教师。因此，人力资源水平在一定程度上决定了高校的水平，人力资源开发和管理能力极大程度上影响着高校的发展和前途。总之，坚持树立以人为本、人才工作先行和量才使用、用人所长的观念；以加强能力建设为核心，以创新人才机制为动力，以培养高层次人才为重点，以优化人才队伍结构为主线，以强化人才激励为突破口，紧紧抓住人才培养、吸引、使用三个环节，积极开发、利用国内国际人才资源，集聚各类优秀人才，不断提高高校人才的知识创新能力、教育教学能力和服务社会能力，大力加强高校人力资源开发和管理，建设一支道德高尚、业务精湛、规模合理、结构优化、充满活力的人才队伍，为实现高校跨越式发展提供强有力的人才保证和智力支持。

培训对于人力资源开发具有重要意义，可以提高人力资源整体素质，形成整体合力，发挥人力资源的最大效益。对教职工进行培训是高校提升人力资源质量的有效途径。要按照"政治强、业务精、作风正"的要求，对教职工进行培训，提高教职工的政治素质、思想

素质、业务水平、工作能力。第一，要对人力资源的具体负责部门工作人员进行培训，使人力资源部门的工作人员尤其是负责人具有现代人力资源开发的理念，掌握适应新形势的人力资源开发、管理与优化配置的思路与方法，为做好高校人力资源工作提供人力基础；第二，要对教师进行培训，使教师能够掌握现代教育理念，掌握适应教育发展需要的教学理念、教学手段、教学艺术、教学方法，把握学生成长成才的规律，努力实现教学与高校的建设与发展、与学生的成长成才相结合，提高教师的教学水平；第三，要对行政管理人员进行培训，提高行政管理人员的工作水平和业务能力，提高管理效率和管理水平，促进高校管理工作的良性、高效、协调发展；第四，要对后勤服务人员进行培训，强化后勤服务人员的服务意识，服务做到及时、迅速、精品化；第五，要增强全校教职工的科研意识，要求全校教职工在不同工作岗位上能够认真思考，不断研究，形成学术研究的良好风气，推动工作的开展。这样就能够发挥全校教职工的主观能动性和积极性，团结一心，共同服务于高校的发展，使人力资源的作用能够得到充分发挥。

面对高校人力资源的现状，要认识到高校人力资源的开发与配置是一项系统的、全方位的工程，必须依靠全校教职工齐心协力，团结一致，才能够改变高校人力资源现状，做好高校人力资源工作，发挥人力资源的整体优势，形成整体合力，提高高校的竞争水平和综合实力，提升高校的可持续发展能力。

第三节　高校人力资源管理的特点

一、高校人力资源的特点

高校人力资源的数量和质量决定着高校的生存竞争力及发展活力，制约着高校的发展水平。高校人力资源管理的目的是通过科学管理，谋求教职员工之间，师生之间，教职员工与教育事业、社会环境之间的相互协调，达到事得其人、人适其事、人尽其才、事尽其功。

（一）高校组织的特殊性

高校组织的特殊性主要表现在两方面：一是高校的学术劳动力本身有很强的独立性和自我意识，很大程度上在时间和意志等方面享受自由，不能按照企业和行政的做法；二是行政权力和学术权力之争始终是每一个高校面临的突出问题。教师无论授课还是研究，或是从事社会活动，都享有一定的学术自由。但学术自由是有边界的，这个边界就是和行政权力的冲突以及和解。如何处理这个矛盾，对高校教师的影响非常大。这是高校人力资源管理不可回避的问题。

（二）高校人力资源管理的目的是服从和服务于高校的学术管理

学术是高校的安身立命之本，学术管理也就当然地成为大学各项工作的中心。不容置疑，大学作为一种特殊的社会组织形式，自然存在着大量的行政管理，存在着人力资源的开发管理。特别是在大学规模不断扩大、与社会经济的联系日益紧密的情况下，高校人力资源管理更需要向着科学、高效、专业化的方向发展。但是，无论采取何种运行方式和运行机制，都应该保证和服从于高校的学术管理。这就要求高校领导与管理人员要有学术文化和管理文化两种文化背景。

（三）高校人力资源管理的核心是机制创新

高校人力资源管理体系的完善，最终必须通过在用人制度、分配制度、考评制度等方面建立起激励、竞争、约束、淘汰的新机制，以机制的创新推动改革的进程。在人才引进、稳定、利用等环节上，在人才能力建设、人才结构调整、人才配置优化的政策设计上要有新思想、新举措。实现稳定人才、引进人才，建设高素质的师资队伍和管理队伍，激励教职工的积极性和创造性，多出成果、快出成果，通过转化运行机制，增强高校办学活力，提高办学效益，落实办学方针和办学理念，实现办学定位和办学思路。

（四）高校人力资源管理的对象具有多样性

高校传统的人事管理对象是指教师队伍、干部队伍和服务队伍。管理重点是教师（主要是专业教师），而市场观念下的高校人力资源管理对象却要根据整体目标的需要，全面规划人才的类型，拓宽管理范围，使管理的触角伸到各类人员之中，在运作时将各类人员进行细分。例如，将教师队伍分为教学人员、科研人员、教学技术人员和教学辅助人员；将干部队伍分为行政管理干部、党群学工干部；将服务队伍分为一般服务人员、技术服务人员、经营人员和管理人员。还应根据组织的需求物色未来各种层次的人才，充实组织力量，保持组织的活力。

（五）高校人力资源管理手段的综合性

高校人力资源管理的目的就是通过满足丰富多彩的合理需求来调动工作积极性，使高校人力资源发挥更强的主观能动性。高校人力资源需求的丰富性决定了高校人力资源管理手段的综合性，不仅要充分利用制度规范和奖惩手段，而且要重视校园文化的建设、工作环境的改善，为高校人力资源提供广阔的发展空间。

二、高校人力资源与其他人力资源的不同点

作为一个特殊的群体，高校人力资源除了具有一般的人力资源特征之外，还具有其他

人力资源所不具备的独特性。

（一）高度重视自我价值的实现

高校人力资源具有高学历，受过系统专业教育，掌握专业知识和技能，视野开阔，知识面广，重视能够促进其发展的具有挑战性、创造性的工作，对知识、个体和事业的成长有着持续不断的追求。他们要求组织给予其自主权，以便能够用更有效的方式工作完成交给他们的任务，渴望通过这一过程充分展现个人才智，注重自我价值的实现。

（二）注重成就激励和精神激励

高校人力资源更渴望看到工作的成果，认为成果的质量才是工作效率和能力的证明。因此，成就本身就是对他们最好的激励，而金钱等传统激励手段相对弱化。不仅如此，由于对自我价值的高度重视，高校人力资源同样格外注重他人、组织及社会的评价，并强烈希望得到社会的认可和尊重。

（三）重视人格独立和自由

高校人力资源，尤其是专业技术人员不仅富于才智，精通专业，科技知识接受度高，而且更重视人格独立和自由，提倡推崇扁平的层级结构，希望组织资讯公开、科技导向、强调绩效，以创新方式解决问题。此外，由于他们是知识型人才，掌握着特殊的专业知识和技能，可以对上级、同级和下属产生较大影响，因此，传统组织层级中的职位权威对他们往往不具有绝对的控制力和约束力。

（四）学习动机强烈

高校是学习型组织，对"终身学习"理念有着更为广泛和深入的认同。高校的工作主要依赖于知识，为了适应时代发展的要求，提高自身工作能力和水平，他们需要不断更新和补充知识，才能与专业的发展现状保持一致。因此，高校人力资源渴望并乐于参加各种学习、培训，有潜在而巨大的学习动力。

第四节　高校人力资源管理模式

一、高校人力资源管理模式的研究

人力资源是包括高校在内的一切经济组织生存和发展的第一资源，高校作为培养人、教育人的特殊事业组织，也是一个人才汇集的特殊团队。市场经济的发展和高校人事制度改革的深化，为高校的改革和发展带来了前所未有的机遇和挑战，人才工作的成败已成为决定高校生存和发展的关键因素。高校人力资源管理工作面临着诸如人才流失现象严重、教师队伍不稳定、员工积极性无法发挥、内部人力资源无法优化配置等一系列问题。解决这些问题的根本在于人力资源开发与管理理念模式的突破。经济学、管理学、心理学、组织行为学等多个学科的发展，促成了人力资源管理诸多先进理论模式的出现，并开创了组织人力资源开发与管理工作的新纪元。高校应将以"人本管理""团队管理""虚拟管理""全员管理"等为主体的现代人力资源管理先进模式与自身实际相结合，构建系统化、人性化、科学化的人力资源管理新模式，以求为高校健康发展提供积极的人才支持。

（一）人本管理

人本管理，即"以人为本"的管理思想和理念及其在高校人力资源管理中的应用，体现了现代组织管理工作的精髓。坚持"以人为本"的人才工作理念，要求高校以"员工本位"为出发点，将人才作为高校生存和发展中最宝贵的财富，确立人才在管理与开发工作中的主导地位。人力资源管理工作的核心是调动员工的积极性和主动性；人才工作的目标是发现人才、发展人才，在员工目标实现的同时，获得高校目标的实现，求得高校目标与员工目标的客观统一。区别于传统的高校人事管理模式，"以人为本"的高校人力资源管理工作，理念更先进、机制更健全、内容更充实、方法更灵活。

1. 突出人才的发展与个人需要的实现

人力资源与物质等其他资源的根本区别在于其具有特有的主观能动性和可再生性。"以人为本"的高校人力资源管理，以员工的主观能动性为管理实践的认识基础，强调员工的个性特点。"以人为本"的核心是围绕着调动员工的主动性、积极性和创造性，开展高校人力资源管理活动，并使各类人才获得超越生存的更为全面的自由发展。构建差别化的激励机制，采取有效的管理方法，从精神到物质、从硬件到软件、从时间到空间、从管理到开发，最大限度地寻求员工生存、发展和自我实现需要的满足，并具体体现在人才吸纳、考核评价、培养培训、薪酬支付、人才资源优化配置等各个环节当中。

2. 寻求高校目标与员工目标的客观统一

"以人为本"的高校人力资源管理，坚持"员工本位"，以员工需要的满足为人才工作的出发点和最终目标，并为实现此目标采取有效的管理方法，差别化、人性化地对待管理对象，积极协调员工目标和组织目标之间的矛盾，并在员工目标实现的同时获得高校目标的实现，求得组织与员工目标客观统一。在人力资源协调管理中，使员工感受到高校目标的实现所带来的个人需要的满足，从而调动高校与员工双方的积极性，实现人才工作与高校管理的真正融合，构建高校和谐的劳动关系和组织文化。

（二）团队管理

建立学习型组织、实施团队管理、培养良好的高校组织文化是高校生存和发展的先进指导理念。高校员工既归属于高校所代表的大组织团队，也归属于所在具体部门和分工组织的小团队，有时还因科学研究、专题项目等原因归属于某一项目小组。团队不管大小，均有其特定的团队目标。高校人力资源管理采取团队管理模式，可以培养人才良好的团队精神和合作意识，营造良好的人际关系，培养积极进取的组织文化，促进高校与员工目标的双重实现。

1. 团队人力资源的优化配置

为保证团队目标的实现，作为团队成员的员工间存在一定的分工协作关系，团队目标的实现需要全体员工共同努力，其首要条件是保证团队内部人力资源的优化配置。高校及其内部组织机构，作为人才汇集的特殊团队，应尊重人才在个性、特点、能力、爱好、专长等方面的差异，从团队和个人的双重角度出发，积极吸取员工参与人力资源管理工作，实施团队人力资源配置的互动。人力资源管理部门在此过程中也做到了"知人善任"。一是加强宣传，提供有市场竞争力的薪酬水平，通过专家、校友引荐等多种渠道，积极吸引外部人才为团队服务；二是创造团队内部良好的竞争环境和发展空间，营建优秀的高校文化。积极实施"物质留人、事业留人、感情留人、环境留人"，实现优秀人才"引得进、用得上、留得住"；三是保持团队成员的合理流动，打破职务、岗位、劳动人事关系的终身制。对于在高校内部竞争中被淘汰的员工，应加强对其的培养和培训，尽量使其在高校内部人力资源市场中重新找到位置，以增强员工的归属感。通过长期实践证明无法适应团队发展的员工，应改革宏观人事政策的束缚，使其在外部人力资源市场重新就业。

2. 加强团队绩效考核、实施团队激励

人力资源具有社会性，表现为员工之间的相互交往、员工相互之间的攀比以及员工对公平性的要求等，这就要求高校人力资源管理在注重个人考核和激励的同时，促进员工与团队的融合，最大限度地激发团队的积极性。团队管理模式体现在高校人才工作的各个环节当中，但特别需要指出的是，团队管理下的员工考核评价应包括以下四个方面：一是员工业绩考核，主要指员工个人业绩实现的程度，包括教职工个人在一定考核期限内完成的教学、科研、管理、服务工作的数量和质量等方面；二是团队目标的实现程度，强调员工业绩的实现程度必须与高校或所在团队的目标实现程度相一致，全体员工业绩的改善将促进团队目标的有效实现；三是员工在团队业绩实践中的贡献，衡量员工在团队中所处的位置，及其对团队的投入产出大小；四是员工的团队合作意识及能力，体现团队的发展需要成员的协调努力；五是团队绩效考核需要质与量的有效结合，对于教学、科研等工作内容及其实现程度应侧重量的考核。对于高校管理与服务，应采取目标考核和过程管理相结合，从量的方面考核目标实现程度，从质的方面考核其为高校教学、科研等人才培养工作所承担的角色和付出的努力程度。基于团队管理模式的高校人才工作，薪酬制度设计应体现员工业绩和团队目标实现程度两个方面，并坚持物质和精神激励并举，以培养和谐的竞争关系和良好的团队合作意识。

（三）虚拟管理

虚拟管理是组织管理适应市场经济竞争的产物。从经济学、管理学角度来看，虚拟管理的基本点是组织以知识管理为导向，在宏观政策的规范范围内，将组织管理中非核心的管理业务虚拟于组织内、外的相关机构进行，通过压缩或削减组织机构规模，节约资源成本，从而注重战略性决策，达到资源优化配置，实现管理效益最大化的管理模式。随着市场的发展，人力资源管理业务虚拟化的趋势日益明显，现已在国内外许多管理实践中得以体现。

1. 高校人力资源虚拟管理的动机

高校推行人力资源虚拟管理的动机，归根结底是追求人力资源使用效率的最大化。一是提升人力资源战略性管理的需要。竞争要求高校人力资源管理部门应将非核心人事管理业务放在重点考虑之外，转而更加关注高校人才工作中的核心问题和战略性活动。目前，主要是将人力资源管理中一些事务性工作（主要指考勤、档案、绩效考评、薪资福利等）进行虚拟化，交由高校内部机构（常表现为人事管理重心下移）或外部专门人力资源中介机构代做，高校人力资源部门重点关注人力资源战略性工作（如制定人力资源政策、吸引人才、教育培训、制订职业生涯规划等）。同时，人力资源部门进一步参与高校发展战略的制订和执行，提升人力资源在组织中的地位，最终提高人力资源管理的效率；二是降低人力资源成本。从经济学角度来看，员工往往被看成是组织成本投入的重要组成部分，人力资源管理的目的就是控制人力资源成本的支出，以便成为高校产出效率的潜在来源。人力资源管理的内部虚拟，可以调动内部机构参与人力资源管理的积极性，营造全员关心人才、重视人才的良好氛围，并可促使各机构按照自身团队工作特点和目标，制订出切实有效的人力资源管理方案，提高管理效率。人力资源管理的外部虚拟，可以从专门的人才中介机构和其他组织获得低成本、高效率的专业化服务。高校将自身的全部智能和资源专注于人力资源管理的核心业务，有利于从总体上提高管理效率。随着人力资源虚拟管理的进一步发展，专营机构会越来越规范，所提供的服务越来越到位，以满足各种高校"个性化虚拟"的需求。既会提高双方的效率，享受因各自专业务所带来的好处，也会因此降低高校的资源成本和人力资源风险。

2. 高校人力资源虚拟管理的主要形式

就我国高校而言，人力资源虚拟管理在正处于初始时期，主要表现为以下几种形式。

一是招聘虚拟。外部环境变化，给高校制定员工招聘政策、开展招聘工作带来了较大的变化及风险，员工的流动性、人才的替代性也越来越强烈，为适应这种变化，高校虚拟员工招聘工作的程度也越来越高。具体表现为委托外部人才中介机构根据高校所需人员的条件进行广泛、有效的筛选，发挥其在人才市场中的信息优势，并可参与对招聘人员的测评、聘期管理等各项事务；二是培训虚拟。高校为降低员工培训费用，防范人力资本投资风险，将员工培训工作虚拟于外部人才机构或其他专门培训组织进行，或通过网络等媒体快速获得培训资源，取得积极的培训效果；三是用工虚拟。市场经济条件下，高校的用工形式越来越灵活。高校通过虚拟用工方式，可以吸收外部人力资源为高校服务。内、外部人力资源在智力和体力等方面的相互配合、优势互补，节省了大笔的人力资源培训与开发费用，以较少的投入得到了良好的人力资源产出效率；四是薪酬福利虚拟。高校薪酬设计与发放向来是人事部门的基本职能，但运用虚拟管理模式，此项业务就可虚拟于内、外部机构运作。

（四）全员管理

人力资源管理作为高校管理的核心组成部分之一，是一门科学，也是一个与时俱进的发展过程。人才工作目标的实现，需要包括高校人力资源管理机构在内的，涉及高校领导、决策机构、参谋咨询机构、具体部门和员工的共同参与，在此基础上形成了现代高校人力资源的"全员管理"模式。高校实施全员人力资源管理，需要以下几个方面的条件保障。

1. 实现员工的自我管理

积极支持员工参与人力资源管理活动，充分体现"人本管理"的原则。一是高校应大力宣传人力资源管理理论与方法，促成高校从传统人事管理向人力资源管理与开发理念的转变，使员工了解现代人才工作的理念、模式和方法；二是员工通过参与，了解高校人力资源战略规划制订情况，从而与相关机构和人员一起根据自身实际及需求制订适合自己的职业生涯发展计划，参与工作设计过程，并在实施过程中及时进行修正；三是参与绩效考核指标与方法的制订，并进行绩效考核的自我评定；四是员工参与福利与薪酬制度的讨论，使报酬管理更加科学化、公平化、人性化；五是参与培训计划的制订，自我评估培训需求，并对培训效果进行评估；六是对高校人力资源管理工作提出意见和建议，并为高校积极举荐人才。

2. 建立良好的沟通体制和考核体制

全员人力资源管理，要求高校各单位、各部门、全体教职员工的共同协作，因此，建立一个包括决策层、人力资源部门、各部门主管、员工在内的人力资源沟通体系是实施全员管理模式的基本保障。知识经济条件下，高校人才工作进一步信息化和数字化，可以尝试高校人力资源信息系统的建设，这是建立人才工作沟通体制的需要，能够推进信息技术在人力资源管理中的应用，将极大地优化高校人力资源管理工作的业务流程，提高管理效率。同时，为引导各方真正承担人才工作责任，将全员人力资源管理落到实处，应加强对各方面在人才工作中职责履行情况的考核，并将其作为管理层绩效考核的重要内容之一，在此基础上实施有效激励。

二、我国高校人力资源管理模式的对策

改进我国高校人力资源管理模式必须依据我国目前高校教育体制改革的现状，结合我国国情，具体对策主要有以下几个方面。

（一）严格聘用、选拔与晋升制度，引入市场机制，建立柔性人才机制

高校应该完全根据教学科研工作的需要设立岗位，面对社会公开招聘。聘用时不要唯学历文凭和职称，而更要重能力、素质和品德，要有真才实学和发展潜力。实行真正意义上的聘用制，破除职业"终身制"和"身份制"，变"单位人"为"社会人"。这种真正意义上的聘用制下，高校聘用教职员工只是单纯的工作关系，不再对其社会保障负责，使教职员工资源社会化。高校可以采取了老人老办法，新人新办法，即针对原有的教职员工，实行长期聘用制。采用柔性化的管理模式，实施固定编制和流动编制相结合、专兼职相结合，实现人才的合理流动。

（二）改革人才培训与开发制度，建立以能力提高为核心的终身学习制

从高校长远发展来说，当前高校应改革以基础性培训和学历补偿教育为核心的继续教育体系，转变为以能力建设为主的终身学习体制。高校教职员工的培训应该是终身性的。高校本身就是一个学习系统，高校教师不仅是知识和技能的传授者，而且是学习者。21世纪的高校教师，应该是能系统思考的，不断自我超越、不断改善心智模式的，积极参与组织学习的，能在共同愿望下努力发展的，把学习看作人的天性、看作生命趣味源泉的学习型的人。因此，要使高校教师群体能够与社会发展保持持续的适应能力，必须把高校的教学组织建设成为"学习型组织"。对高校组织来说，要给教师提供学习的时间、经费和环境等条件，而教师自身则有不断学习的义务；对高校管理者来说，要通过学习更新知识技能和组织教师通过学习更新知识技能。此外，要注意将教师的培训有效地引导到高校需要加强提高的学科方向上来，避免学非所用，造成浪费。

（三）严格考核，建立完善、科学、合理、有效的绩效评估系统

绩效考核评估历来是人力资源管理中的难点。高校管理者应制定灵活多样的柔性考评

机制，进一步探讨科学、合理、易操作的考核指标体系，对教师进行质与量、能力与品德、专项与综合、定期与不定期、同事与学生相结合的立体考核，把品德、知识、能力和业绩作为衡量人才的主要标准。考核指标应与岗位相匹配，岗位不同，要求不同，既要考虑经济效益又要兼顾社会效益，既要考虑基础科学又要兼顾前沿科学，能够量化的指标应尽量量化，定性的指标也应以分值或权重对应。评价工作要实事求是，客观全面，保持科学性和严肃性，考核后应及时将有关信息反馈至个人，使被考评者心悦诚服地接受考评结果，增加考评工作的透明度；绩效考评的结果应作为教职员工晋升、调动、加薪的决策依据。

（四）建立能力绩效薪酬制度，真正发挥其有效激励作用

薪酬最能体现一个社会人的价值，直接关系到教师的切身利益及所蕴藏积极性的发挥。因此，薪酬管理一直是人力资源管理的核心问题。高校应在目前实行的高校内部岗位津贴制度的基础上，逐步减少国家固定工资在个人收入中的比例，加大校内岗位津贴所占的比例。岗位津贴等级主要取决于人员的专业水平和业务能力。每年根据业绩考核情况进行一次评定，上下按一定比例浮动。能力水平提高、业绩突出的，则津贴水平就提升，这样就加大了在个人收入中其能力、绩效工资所占的比例。

（五）建立行之有效的激励机制，最大限度地激发教职员工的潜能

人力资源管理的核心是保持和激励员工的积极性与创造性，有效地实现组织目标和员工工作的满足感，从人的需要出发，运用各种手段，激发其工作动机和内在潜力，充分调动人的积极性、主动性和创造性。在高校人力资源管理中，要充分利用各种激励因素，运用合适的激励模式和方法，激励教职员工奋发努力。第一，对激励因素的设定要明确，如对完成工作的质与量要做适度的说明，给教职员工分配工作要适合他们的工作能力和工作量。第二，要及时激励，不要太早也不要太晚。第三，以正面激励为主。现代管理理论和实践都指出，在群体激励中，对于素质高的人员，正面激励和鼓励的效果远大于反面的激励(如惩罚等)。因此，对教职员工宜采用肯定、奖励、加薪、升职等激励措施，以调动教职员工的积极性。第四，改善教职员工的教学、生活、工作环境。人力资源管理部门要专门设立一个服务机构，配备专门人员，及时为高层次人才解决生活、工作上的困难，营造宽松、和谐的工作环境，满足教师多层次、多样性的需求，激发其工作热情和创造性，使他们能更安心、更积极地工作。

提高高校人力资源管理水平，是高校永恒的主题，学习国外高校人力资源管理的优秀经验和成果，借鉴先进的理念和模式，坚持理论创新、体制创新、机制创新，必将充分调动教职员工工作的积极性和创造性，营造有利于优秀人才脱颖而出和发挥才干的良好环境，为知识创新、科学研究、社会服务贡献力量。

第二章
高校人力资源规划

第一节　高校人才引进

一、高校人才引进的目的

高校人才引进，就是高校吸引应聘者并从中选拔、录用高校所需人才的过程。人才引进的直接目的就是获得高校需要的人，但除了这一目的外，人才引进还有以下潜在目的。

(一)树立学校形象

高校人才引进过程是高校代表与应聘者直接接触的过程，在这一过程中，负责人才引进人员的工作能力、人才引进过程中对学校的介绍、散发的资料、面试小组的性别组成、面试的程序，以及引进什么样的人、拒绝什么样的人等，都会成为应聘者评价高校的依据。人才引进过程既可能帮助高校树立良好形象、吸引更多的应聘者，也可能损害高校形象、使应聘者失望。

(二)降低受雇佣者在短期内离开学校的可能性

高校不仅要能把人招来，而且要能把人留住。能否留住受雇佣者，既要靠人才引进后对人员的有效培养和管理，也要靠人才引进过程中的有效选拔。那些认可高校的价值观，在高校中找到自己感兴趣、能够发挥自己能力的岗位的人，在短期内离开高校的可能性就比较小些。而这都有赖于高校在人才引进过程中对应聘者的准确评价。

(三)履行高校的社会义务

高校的社会义务之一，就是提供就业岗位，人才引进正是其履行这一社会义务的过程。

二、高校人才引进的原则

(一)因事择人的原则

高校应依据人力资源计划进行人才引进。因为无论是多招了人还是招错了人，都会给高校带来很大的负面影响，除了产生人力成本、低效率、犯错误等看得见的损失，由此导致的人浮于事还会在不知不觉中对学校文化造成不良影响，并降低高校的整体效率。

(二)公开的原则

人才引进信息、人才引进方法应公之于众，并且公开进行。这样做既可以将录用工作置于公开监督之下，以防止不正之风，也可以吸引大批应聘者，从而有利于招到一流人才。

(三)平等竞争的原则

对所有应聘者应一视同仁，不得人为地制造各种不平等的限制。要通过考核、竞争选拔人才。以严格的标准、科学的方法对候选人进行测评，根据测评结果确定人选，就可以创造一个公平竞争的环境，既可以选出真正优秀的人才，又可以激励其他人员积极向上。

(四)用人所长的原则

在人才引进中，必须考虑有关人选的专长，量才使用，这对应聘者个人以及学校都是非常重要的。

第二节　人力资源管理规划思路与措施

人力资源管理工作的总体思路是以高校蓬勃发展、增强员工凝聚力及归属感为重点，以改革创新为切入点，完善人事工作及相关规章制度，强化"外引内培"工作，全面推进以深化内涵管理促发展工作，进一步解决高校发展进程中教师队伍所凸显的人事问题。

人力资源管理工作的重点，是要做好人才引进与培育工作。按计划招聘引进教师，积极从多地、多院校、多渠道招聘专业人才，严把用人关，切实使招聘到用人达到最高的人岗匹配度，同时，要进一步规范外聘教师聘用及管理工作。人才进入学校后，要按学校的相关要求及规章制度进行培养与提升。

一、优秀人才引进计划

（一）申报时间

每年开展一次"引进计划"申报遴选工作。人才引进的申报遴选时间为每年的3～4月。每年开展一次"引进计划"考核评估工作；根据实际情况，考核评估分为学年度考核和聘期考核。

（二）遴选对象

凡与学校签订劳动合同、在学校购买社保并缴纳个人所得税、尚未办理退休手续并全职在学校工作一年以内的教职工，能够达到申报条件并能达成目标任务的，均可申报相应的"引进计划"项目。

（三）申报条件

"引进计划"项目申报基本条件如下：遵守法律法规和高等学校教师职业道德，为人师表；热爱高等教育事业，具有从事高等教育的经历；能够遵守学校规章制度，执行教学计划，履行教师聘约，完成教育教学及科研工作任务；能够承担一定的校内外公共服务任务；善于学习，能够不断提高思想政治觉悟以及教学科研和管理工作水平；无违纪违法事项；身体健康。

（四）申报遴选流程

申报遴选的主要流程为：个人申报、资格审查、申报答辩与专家评审、学校审核、公示及聘任。

①个人申报。凡满足申报条件的人员，均可自愿申报。

②资格审查。通过学院初审的申报人员，二级学院须对申报人员提供的申报材料进行原件初审，符合条件的，统一提交学校组织人事部审查。学校组织人事部根据申报条件，对申报人员进行汇总审查。通过资格审查的人员，进入申报答辩环节。

③申报答辩与专家评审。由学校统一组织答辩，答辩内容主要包括：本人基本情况、主要学术成果介绍、工作计划及计划目标。专家组根据申报人员的申报条件和申报答辩情况择优进行推荐。专家组推荐意见将作为学校最终遴选意见的重要参考，因此，务必公正、客观、准确地对申报人做出评价。

④学校审核。学校校长办公会综合个人申报条件及专家组推荐意见，集体研究提出拟入选人选并进行公示。

⑤公示及聘任。拟入选人选在公示通过后，与学校签订聘任协议及目标任务书，完成

聘任手续，从下一学年度起执行。通过遴选进入"引进计划"的人员须与学校签订目标任务书，接受学校学年度考核和聘期考核。经聘期考核，未完成目标任务的，取消聘任资格。"引进计划"聘期考核结果，在全校范围内予以公布。

二、优秀人才支持计划

（一）遴选时间

每年开展一次"支持计划"申报遴选工作；申报遴选时间为每年的3~4月。每年开展一次"支持计划"考核评估工作；根据实际情况，考核评估分为学年度考核和聘期考核。

（二）遴选对象

凡与学校签订劳动合同、在学校购买社保并缴纳个人所得税、尚未办理退休手续并全职在学校工作满三年的教职工，能够达到申报条件并能达成目标任务的，均可申报相应的"支持计划"项目。遴选工作应向教育教学与科学研究一线教师倾斜。

（三）申报条件

"支持计划"项目申报基本条件如下：遵守法律法规和高等学校教师职业道德，为人师表；热爱高等教育事业，具有从事高等教育的经历；能够遵守学校规章制度，执行教学计划，履行教师聘约，完成教育教学及科研工作任务；能够承担一定的校内外公共服务任务；善于学习，能够不断提高思想政治觉悟以及教学科研和管理工作水平；历年考核均为合格及以上等级；无违纪违法事项；身体健康。

（四）申报遴选流程

申报遴选的主要流程为：个人申报、资格审查、申报答辩与专家评审、学校审核、公示及聘任。

①个人申报。凡满足申报条件的人员，均可自愿申报。

②资格审查。通过学院初审的申报人员，二级学院须对申报人员提供的申报材料进行原件初审，通过后统一提交学校组织人事部审查。学校组织人事部根据申报条件，对申报人员进行汇总审查。通过资格审查的人员，进入申报答辩环节。

③申报答辩与专家评审。由学校统一组织答辩，答辩内容主要包括：本人基本情况、主要学术成果介绍、工作计划及计划目标。专家组根据申报人员的申报条件和申报答辩情况择优进行推荐。专家组推荐意见将作为学校最终遴选意见的重要参考，因此，务必公正、客观、准确地对申报人做出评价。

④学校审核。学校校长办公会综合个人申报条件及专家组推荐意见，集体研究提出拟

入选人选并进行公示。

⑤公示及聘任。拟入选人选在公示通过后，与学校签订聘任协议及目标任务书，完成聘任手续，从下一学年度起执行。通过遴选进入"支持计划"的人员须与学校签订目标任务书，接受学校学年度考核和聘期考核。经聘期考核，未完成目标任务的，取消聘任资格。"支持计划"聘期考核结果，在全校范围内予以公布。

三、人才培养

（一）加强培训工作

高校要进一步推进教职工培训工作，提升员工的专业素养及业务水平，推动学习型组织建立，制定培训制度及完善培训体系，使培训常态化、制度化。

一是加强学校中层以上管理人员培训。采取内训课、外送学习、专家讲座等形式，对学校中层干部进行培训。课程内容的针对性要强，并且要加强培训后的跟进工作，如进行培训后的评估总结，将学习培训纳入干部考核指标。

二是利用教学座谈会等形式，对管理理念进行引导，对管理技巧进行探讨和分享，聘请教学督导指导各部门开展日常管理和培训工作。

三是对学校优秀员工及资深员工作为储备干部进行训练，除对日常工作指导外，还应协助其进行个人职业生涯规划，使其更好更快地融入主动成长的氛围之中。

四是新员工岗前培训。对于新入职的员工，要利用一周时间将公共知识部分全部培训到位，让新员工在上岗前充分了解校情。

五是加强在岗人员培训。首先，在职教师队伍内训工作，积极开展"四个一"活动，即每位教师每学期研读一本教育理论专著；每月研读一本业务杂志；每月上交一篇教学心得；每学期做一次专题演讲，以进一步打好理论基础，强化教师的科研意识；其次，每学期至少开展三次教学常规和课程理论的专题辅导研讨，促进教师积极开展教育教学探索；再次，每学期对教师进行思想政治教育、职业道德培训和法制教育；最后，行政教辅人员内训工作，如公文写作、文件转呈、工作流程、制度执行、个人仪容仪表等方面的培训。

六是管理层培训。每季度开展一期培训，每期确定一个培训专题，并观看一次视频，在培训后进行内部讨论交流，运用到实践工作中去，切实提升学校整体管理水平；每一至两个月外请专家到校做一次讲座；每月派出相关干部到高层次大学学习管理课程。

七是团队文化建设培训。培训方式包括户外拓展训练、外请讲师培训、外出学习交流、校内视频学习、管理层公开课（即每一至三个月推选出一名讲师，轮流公开授课一次，结合人力资源部确定培训主题）等。

八是从学校中层领导干部队伍中培养一批内训师。

（二）制订人才培养梯队方案

一是学校以系部、级组、行政处室为单位，制订人才培养与晋升规划。

二是员工职业生涯规划与设计。员工要根据自身的特定条件，基于管理线和专业线两条线，找准自身发展定位和方向。人事部可依此进行资源规划和开发。

三是重视卓越领导人才和教学名师的培养。

四是逐步推行每位员工每年至少接受 30 课时与本职工作岗位相应或相关的培训。

四、文化建设

应以教育集团战略为基点，建设富有高校教育特色的企业文化。一是对院校职工发放调查问卷，然后通过问卷需求情况，给予不同的人学习和成长的机会；二是相关部门要组织好教工文体活动，增加演讲活动、歌唱比赛等，结合学校员工年龄结构特点，成立"青联会"，充分发挥青联会和工会在学校管理中的积极作用；三是增强学校的凝聚力和向心力，抓典范教育，树典型榜样，营造富有本校特色的人文文化氛围；四是筹备成立教育集团教师代表会，共谋学校发展大计。

第三节　创新性人才引进与管理

高校是社会人才汇集之处，同时也是科研基地和培养高等创新型人才的地方。其人力资源管理的目标和重点，就是综合管理高校人才资源，提升其综合素质水平，从而促进高校人才资源的高效性开发，促进教育创新及科研各方面综合实力的增强。想要达成这一目标，就要注重创新性人才的培养和引进。社会发展需要创新，高校教育也离不开创新人才的推动和帮助，因此，加强高校人才资源管理，对其朝着知识型、高端型方向发展有着重要意义，同时也对高校培养社会人才，传播知识文化，进而为国家贡献综合能力人才方面有着重要的作用。

科技兴则国兴，人才旺则国旺。随着社会的发展和资源竞争的短缺，高校人力资源已经成为推动社会生产发展的核心动力。高校是社会人才聚集、培养优秀创新人才的重要场所。为了更好地发挥高等院校培养精英、发展科研、传承文化知识的作用，高校需要加强创新性人才的引进工作，在与校内人才培养相结合的基础上，为高校的发展注入新的活力和动力，推进高校人才资源结构的转型升级。

一、创新性人才的概念

简单地说，创新性人才就是有着创新思维、创新能力以及创新精神的人才。他们一般都富有冒险精神、旺盛的探索欲望、创新的思维模式，并具备高超的可以将假想付诸行动，转换为现实的创新能力。他们接受新信息、消化新技术的能力很高，能够高效地应对新环境、新课题所带来的挑战，迅速地进入工作状态。创新性人才是能动的、创造性的、可再生的、增值性的，是其他人力资源难以替代的人力资本，一般都接受过高等教育，具有高学历、高文化水平、高能力的特征，能够为高校工作的开展带来创新性、突破性的前进动力，使学校更具资源竞争力。

二、高校创新性人才引进的建议

（一）丰富创新性人才的引进渠道

高校在确定创新性人才引进计划之前，应充分了解校内具体到哪些教研室、哪些工作岗位有空缺，然后有计划地进行需求招聘，避免盲目泛滥。应联合电视媒体、广播电台、互联网平台，充分运用数字媒体的力量，在国内外各大校园网站首页上公布招聘信息。在充分调研的基础上，也可以面向那些专业相同、表现卓越的普通院校进行招聘，这样做既可以扩大招聘覆盖的范围，也能够做到公开、透明、公正。

（二）建立多元化创新性人才引进的评价标准

在对创新性引进人才进行筛选时，应从缺额岗位的部门调取本专业的人员来作为评委参与评定评判，在选拔人才的时候给出专业性的参考意见，以避免由于非专业部门人员主导设定筛选标准所产生的一些失误。同时，在对应聘人员进行测试时，除了专业能力的测试包括创新能力、求职动机、相关从业经验等以外，还要加重对其心理素质、精神面貌、工作态度、团队协作能力等方面的考察。

综上所述，为了更好地发挥高校人力资源的作用，加强高校人力资源管理是十分有必要的。首先，为了提升高校培养社会高等人才的能力，提高高校创新发展的综合素质，需要建立科学合理的人力资源管理制度；其次，在当今科技创新日新月异的时代，对于创新人才的引进也是十分必要的。一所高校创新能力的高低，反映了一个学校的文化底蕴和综合实力。唯有将科学管理人力资源与引进创新性人才相结合，才能使高校在竞争激烈的社会中立于不败之地，才能更好地适应时代发展的要求。

第三章
高校人力资源的优化配置

第一节　人力资源优化配置的内涵

一、人力资源优化配置的意义

人力资源是高校的重要资源，是高校稳定发展的保障。高校人力资源的优化配置是指高校根据自身发展的需求，通过招聘、培训、考核等方式，对高校人力资源进行合理配置，从而调动高校工作人员的工作积极性，团结全校可以团结的力量致力于高校发展的一系列管理活动。高校人力资源管理工作不仅关系到高校的发展，更影响着我国当代社会经济的发展。人力资源管理工作是高校参与市场竞争的核心保障，是高校提高教职员工积极性的重要途径与措施，同样也是高校树立良好形象，保障教职员工利益的重要措施。在竞争日益激烈的市场环境下，我国高校要想稳定地发展，就必须认识到人力资源管理工作创新的重要性，必须用发展的眼光看问题，坚持与时俱进，不断进行人力资源管理工作的创新，从而为高校发展提供更多、更好的服务，进而为我国当代社会发展培养更多的人才，在竞争激烈的市场环境中立于不败之地。

二、高校人力资源优化配置的建议

（一）加大创新力度，转变管理理念

随着社会的发展与进步，高校对人力资源管理工作的要求也越来越高。人力资源管理工作的好坏直接关系到我国高校的稳定发展。为此，在高校人力资源优化配置工作中，高校就必须充分认识到人力资源管理的重要性，积极地转变管理理念，加大创新。首先。在高校人力资源管理工作中，高校必须重视人才，使高校人才能够得到合理的利用。其次，高校必须加大创新力度，转变管理理念，树立"以人为本"的科学管理理念，实现人力资源

的优化配置。

（二）健全人力资源管理机制

高校必须结合自身发展状况，建立起科学、合理、全面的人力资源管理机制，完善人力资源管理战略规划，将现代化管理理念应用到高校人力资源管理中，使得人力资源得到优化配置，为高校的稳定、健康发展提供保障。另外，高校还必须拓宽人才招聘渠道。再者就是高校要本着公平公正的原则，建立灵活的竞争机制。在高校人力资源管理中，建立灵活的竞争机制有助于高校工作效率的提高，让优秀的人才能在适合自己的岗位上得到发展。面对这个竞争日益激烈的市场环境，我国高校只有不断优化人力资源，才能为我国现代社会发展培养出更多的人才，促进我国社会的稳定发展。

（三）人力资源管理模式创新

在当代社会发展形势下，竞争激烈的社会环境对人力资源管理提出了更高的要求，现代人力资源管理必须涉及到人力资源的方方面面。为此，在高校人力资源优化配置工作中，高校必须完善人力资源管理机构的设置，调整组织结构，要设立专门的人力资源管理部门，行使人力资源管理的职责，使人力资源管理决策化、科学化、规范化。例如，高校通过岗前培训、专家讲座、外出考察等方式加强高校教职员工的培养，从而在这些人才中挑选出优秀的人才来担任人力资源管理创新工作的管理者。这些管理者接受过先进理念的教导，在管理工作中本着人文精神，建立激励机制，提高员工工作的积极性，从而将高校教职员工的力量团结起来，致力于高校的发展。

（四）高校文化与高校人力资源管理的结合

高校文化是全体教职员工共同的价值观，是高校发展过程中形成的独特文化，具有较强的凝聚功能。高校文化建设作为当代高校发展的一项重要工作，其本质是一种以人为本、以文化为特征、以激发和调动教职员工工作积极性和创造性为目的的经营思想和模式。高校间的竞争归根到底表现为人力资源的竞争，因此，高校必须高度重视人力资源的管理，顺应人力资源管理的发展趋势，在人力资源管理工作中深入高校文化，利用自身的优势，采取有效的措施进行人力资源管理文化的完善和创新。只有如此，高校才能不断提高人力资源管理效率，在市场经济中实现自身的价值。

三、我国高等教育资源优化配置的途径

（一）优化政府资源配置

政府首先应选择出效率最高的资源配置方式，制定相应的法律法规，使参与者和配置

主体都有一个参照主体，使资源可以更好地利用起来；其次，通过市场引导、政府调控、学校自主这三方面，使教育资源得到最大化的利用；最后，改革体制使政府下放一定的管理权限，让地方参与其中，充分调动积极性，为高等教育资源提供一系列的方便条件。

（二）优化人力资源配置

①加强高校中青年骨干教师和学科带头人的选拔、培养工作；②多招入教师人数，使师生比达到一个合理的比值；③鼓励教师定期参加培训，或到企业参加培训，使所有教师都能掌握最先进的科学技术。

（三）优化财力资源配置。

首先，建立和完善高等教育供给制度；其次，充分调动全社会的资源，激发社会投入，突破教育投入的制约，使高等教育的资金得到最大的空间；最后，加大挖掘企业对高等教育投资的力度。因为企业作为高等教育最大的受益者，理应承担高等教育的相应经费。

（四）优化物力资源配置

合理地运用学校的设施设备是高等教育物力资源优化配置的重要表现。对于高校内部物理和信息资源的优化配置，一是从实验室教学科研仪器设备的合理化配置方面，要从多个学科和专业的共同需要考虑进行优化配置；二是对于全校性或多个学科实验仪器设备，应该向全校师生开放共享，使仪器设备的使用率得到最大化；三是对于单学科或专业实验室仪器设备，应该向着相近学科或专业进行资源整合，尽可能实现共享和有效使用。

综上所述，高校作为我国市场活动主体的一部分，其参与市场竞争的主要目的就是取得更好的经济效益，求得长远发展。而高校的发展与其人力资源管理工作有着重要关联。高校人力资源管理是高校实现对人员管理的重要途径，是高校在这个竞争激烈的市场环境下求得生存的保障。在当今社会形势下，人力资源管理的作用越来越突出，高校人力资源管理关系到高校的稳定发展。作为高校的一项重要工作，人力资源的管理无非是人力资源管理与物力资源管理，其目的是就是调动高校一切可以调动的力量，共同致力于高校的发展。随着全球经济一体化进程不断加快，国际市场竞争日益激烈，我国高校要想取得稳定发展，就必须重视人力资源管理工作，用发展的眼光看待问题，加大创新力度，转变管理理念和管理机制，完善人力资源管理机制，优化人力资源配置，从而为在这个竞争激烈的市场环境下赢得一席之地。

第二节　人力资源配置的理论基础

一、人力资源配置的基本内涵

(一)人力资源配置的含义

资源配置，就是社会如何把有限的人力、物力、财力和土地等资源合理地分配到不同的地区和部门，使它们在社会运行过程中得到最有效的利用。社会资源的配置存在两种基本类型，一是物质资源的配置；二是人力资源的配置。

人力资源配置是在管理学、经济学、人力资源学等学科基础上形成的一个新的研究领域，将"资源配置"的概念应用于人力资源，是社会发展对人起到重要作用的认识的深化。人力资源配置是指市场调控者按价值规律、市场供求情况与主观判断等，将人力资源调配到对其有需求的地方，以实现人力、物力和财力的结合，从而在经济活动中创造价值的过程。

与物质资源的配置不同，人力资源配置有其特殊性。

1. 人力资源配置的能动性

物质资源作为物质资源配置的对象，其自身是被动的。而人力资源作为人力资源配置的对象，虽然在这种资源配置中，它是作为配置的客体而存在，但是这个整体本身是有能动性的，正是由于这种能动性，使得人力资源的优化要比物质资源的优化困难得多。

2. 人力资源配置的双向性

因为物质资源的配置是单向的，要实现物质资源的优化，单从资源配置主体方面努力就能够实现。而人力资源的配置是双向的，无论是配置的主体还是配置的客体都是人，都具有主观能动性，如果主、客体的主观能动性基本正确且基本适应，将实现人力资源配置的优化，反之则相反。

(二)人力资源配置的方式

1. 计划配置

计划配置，即根据一定时期经济社会发展目标的要求，通过完全或近乎完全的政府行为，将人力资源分配或安置在特定岗位上的人力资源配置方式。

2. 市场配置

市场配置主要是通过市场对人力资源的需求变化、经济杠杆作用，以及等价交换原则等市场因素，影响和推动人力资源的流动和调整，自动调节人力资源供求关系，实现劳动者与企事业组织配合，使市场对人力资源配置起基础性作用。市场配置区别于行政配置模式的关键在于，后者是组织根据工作需要来变动自己的工作岗位，而前者是员工按照自己的意愿主动变动自己的工作岗位。

3. 计划与市场相结合的配置

计划与市场相结合的配置，即对于一些可以通过利益机制调节人力资源流向的领域，可以采用市场机制配置的方式；而对于一些不能完全通过利益机制进行调节的领域，可以适当采取计划与市场结合配置的方式。

（三）人力资源配置的目标

人力资源配置的总体目标是要使得全局的经济、社会综合效益达到最优，具体体现为人力投入结构的优化。人力投入结构可以分为以下几个方面。

1. 地区结构

即人力资源、人力投入在地域间的分配结构。例如，在全国范围内，可以表现为人力投入在东、中、西部的配置结构。

2. 行业部门结构

即人力资源、人力投入在各行业之间的配置结构。

3. 学科结构

在较大的层面上，表现为人力资源在基础研究、应用、开发研究之间的配置结构；在具体学科上，表现为数理科学、化学与化学工程科学、生命科学、地球科学、工程与材料科学、信息科学、软科学等诸领域，或更具体的学科之间的配置。

4. 隶属关系结构

在这里主要是针对单位的隶属关系而言，即人力资源在中央属、地方属和其他性质的单位之间的配置结构。

任何事物都是质和量的统一，人力资源的配置也不例外。

从量的角度来看，人力资源的配置就是在全社会范围内，按比例分配人力资源，力争使整个社会人力资源有适当的数量比例关系，使整个社会有计划、按比例地有序发展。

从质的角度来看，要努力提高人力资源配置效益，实现人力资源配置的优化。

人力资源的优化配置，从某种意义上讲，就是调整和改善人力资源的空间关系。这种空间关系包括两个方面的基本内容：一是人力资源与物质资源的空间关系；二是人力资源之间的空间关系。

通过调整和改善人与物质资源的空间关系，达到人与物的有机结合，从而实现能岗配置，这是人力资源优化配置的基本内容之一，也是其初级目标。

以能岗配置为基础，通过调整人力资源之间的关系，达到人与人的相互协调、互补，从而建立和谐、共进的人际关系环境，这是人力资源优化配置的又一基本内容，也是其高级目标。

（四）人力资源配置的原理

1. 系统原理

系统是由若干相互联系、相互作用的部分组成的，具有特定功能的有机整体。自然界和人类社会的一切事物都具有系统的属性。每一个系统都是由若干子系统（或子系要素）构成的，这些子系统之间相互联系、相互作用且服从于共同的目标，从而构成统一的整体。比如，一所大学通常由教学子系统、科研子系统、管理子系统、后勤服务子系统等构成。它们相互配合，共同实现培养人才的统一目标。

在实现人力资源优化配置时，应遵循系统原理，注重人力资源系统的整体性、层次性、弹性与适应性，即：使得系统的各个子系统既有相互联系的一面，也有各自的地位与作用。整体的统一，靠多层子系统的分工与协作来实现；整体的效能，靠多层子系统各自作用及其综合而发挥；整体的优化，靠多层子系统的最佳组合而达到。每一个人力资源系统内部的多个子系统，都处在动态的发展变化中，系统所处的外部环境也在变化中，具有适应环境的能力，是人力资源系统得以生存和发展的重要原因之一，系统动态适应性越强，其生命力就越强。

2. 均衡协同原理

所谓均衡协同原理有双重含义。一是要求人力资源子系统不仅取决于局部的过剩与短缺，而且取决于是否存在使人力资源由过剩的子系统向短缺的子系统流动，或两者进行整合的机制；二是在同一子系统内，不同人力资源之间应实现协调，尽量消除在同一子系统内某一要素相对短缺，而另一要素相对过剩的现象。

3. 流动性原理

在大多数情况下，人力资源的配置往往不能达到等边际效益这一理想状态，因此必须实现流动。其流动方向是从边际效益较低的领域流向边际效益较高的领域。如果这种流动由于某种原因受阻，便会影响人力资源配置的效益。

影响人力资源流动的因素，主要有人力资源管理体制方面的因素，以及利益不对称因素。在人力资源管理体制方面，主要有各种人力资源的隶属关系、人才的部门所有等，具有不完全流动性。

而利益不对称，则主要针对人力资源，是由于多种原因，使得人才所做的贡献与其所获利益（广义的利益，包括物质和精神方面的）不完全对称，从而使得人员难以在部门间充分、即时地流动。

4. 增量带动存量原理

在人力资源的再配置过程中，一是可以对人力资源存量进行再配置，但这种再配置由于受到流动性有限的影响而缺乏灵活性，使得通过对存量的调整来实现人力资源的再配置具有一定的困难性；二是可以通过对人力资源增量的调整，改变人力资源的配置结构，但是，要想充分发挥增量调节的效果，还需要通过充分运用增量对存量的引发作用来发挥存量的作用。

5. 效益原理

以较少的人力投入获得较大的有效产出，即对效益的追求，是人力资源管理活动永恒的主题。效益包括经济效益和社会效益两个方面。通常经济效益比较直观，可直接运用若干经济指标计算和考核。而社会效益具有间接性，难以完全量化。不同性质的人力资源组织对经济效益或社会效益的追求目标有所不同。但是，总体来讲，在人力资源配置中，应努力追求经济效益与社会效益的有机结合。

（五）高校人力资源优化配置

所谓高校人力资源优化配置，就是围绕高校自身的办学定位和发展目标，构建起精简高效的高校组织框架，优化人力资源组合，最大限度地发挥人力资源在人才培养和科学研究中的作用。

1. 精简高效的组织机构，是高校人力资源优化配置的基本保障

高校的组织机构是支撑高校完成人才培养、开展知识创新和科技创新的系统，是高校人力资源实现配置的框架。有了组织机构，高校工作才能运转，人力资源才有配置的去处。

高校组织机构的设立是人力资源配置的前提，高校组织机构设立得科学与否，对人力资源的优化配置起着相当重要的作用。然而，这种作用常常没有引起人们的足够重视。

其实，人力资源优化配置不仅要求高校各个具体的组织机构中，人员要精干高效，而且要求各个组织机构构成的系统是一个精干高效的系统。系统中的每一个机构目标一致、职责明确、工作思路清晰，系统内部各部门之间没有能量的内耗。

这种组织系统应当有利于高校多培养人才，多培养高质量的人才，应当有利于高校科学研究多出成果，有利于高等教育的产出。只有真正建立了这样的组织机构系统，才能为高校人力资源优化配置构成一个合理的组织框架。因此，如何根据高校的目标任务建立起科学合理、精干高效的组织机构，是高校人力资源优化配置的重要基础工作。

2. 科学合理的人员组合，是高校人力资源优化配置的基本内容

在建立精干高效的组织机构的基础上，高校人力资源优化配置的基本内容就是将人力资源按照所设机构进行科学合理的组合。人力资源优化配置的目的是使一定的高校人力资源能够对其教育作出尽量大的贡献。由于高校内部不同的组织机构对教育产出所产生的作用方式不同，对在不同机构中工作的每一个自然人的能力要求侧重点也不相同。因此，同一个人在不同的部门里工作，所能产生的作用也就不同。也就是说，同样的人力资源，组合的方式不同，对高等教育产出所做的贡献程度会有较大的差异。人力资源优化配置的基本要求，就是在形成了精干高效的组织框架之后，科学合理地安排人员，对高校人力资源进行组合，使得优化组合后的人力资源能够在人才培养过程中产生更大的作用，更有利于培养高质量人才，形成更高的教育产出。

3. 最大限度地发挥每一个人的作用，是高校人力资源优化配置的最终目标

人力资源优化配置的最终目标是，在合理设置精干高效的组织机构和科学合理的人员配置之后，最大限度地发挥每一个自然人的作用。正如前面所分析的那样，高校人力资源具有很强的主观能动性、创造性，以及再生性，只要配置得当、机制合理、激励有力，高校人力资源将在高层次人才培养和科学研究中发挥巨大的作用。应当说，在建立了精干的组织机构和合理的配置人员之后，充分施展每一个教职工的才干，充分挖掘每一个教职工的潜能，是高校人力资源优化配置的最终落脚点。

（六）高校人力资源优化配置的基本原则

1. 最低岗位数量原则

所谓最低岗位数量，就是要求高校的任何一个组织单位，其岗位数量应限制为能有效地完成任务所需岗位的最低数，使每个岗位的工作量满负荷。最低岗位数量原则有两方面的基本要求：一是要求一定的岗位数量能有效地完成任务；二是要求在完成任务的前提下，岗位数量要最低。最低岗位数量原则，保证了一个组织以最少的耗费获得最大的效益。

2. 因事择人原则

所谓因事择人，就是以需要为出发点，根据岗位的需要和岗位对人员的资格要求来选择人员。坚持因事择人原则，从实际岗位的需要出发，选用合适的人员，才能实现事得其人，人适其事。

3. 用人所长原则

高校的部门和岗位有不同类型，如教学、科研、管理、教辅，等等。而作为高校人力资源中的个体，每一个自然人都有自己的专长和特点。

所谓用人所长，就是尽可能将每一个人所具有的长处与部门和岗位所需要的特殊能力

结合起来，将每个人配置在最有利于发挥自身特长的岗位，使每一个人所在的部门与岗位是最能发挥自己作用、最能施展自己才干的地方。

4. 德才兼备原则

高校培养的不仅是在某一专业领域接受过高等教育的专门人才，而且必须是有理想、有道德、有文化、有纪律的德智体美全面发展的社会主义事业的合格建设者和可靠接班人。这是高校内在的必然要求。因此，高校工作人员，尤其是教师和管理人员，必须具备德才兼备的素质。这一素质直接关系到人才培养的质量。

5. 激励原则

人力资源作为一种特殊的资源，其作用的发挥与人的主观因素有密切关系。要充分发挥高校人力资源的作用，必须建立有效的激励机制，充分调动人员的积极性。要通过各种激励措施，使高校全体教职工形成高昂的士气、很强的凝聚力、高度的工作热情。

只有这样，高校人力资源所具有的特殊的创造性和再生性才能得以充分发挥，人力资源的价值才能最大限度地实现。

6. 继续教育原则

高校人力资源优化配置的目的就是使高校一定量的人力资源投入能够形成更高的教育产出。高校人才培养质量与科研成果的多少，都是高等教育产出的重要指标。人才培养质量的高低与科研成果的多少，取决于高校教师的水平。因此，我们要重视高校教师的继续教育，使高校的人力资源投入有高效的教育产出。

二、高校人力资源优化配置的程序和方法

高校人力资源优化配置可划分为两个层次。一是执行性人力资源配置，即高校例行的人事安排工作。这一层次的人力资源配置侧重对现有人员的组织管理；二是规划性人力资源配置，即着眼于高校中长期发展计划。这一层次的人力资源配置，是根据高校因外部环境变化和自身发展战略的改变而进行的人力资源预测与需求规划，其目的是使高校人力资源配置能符合高校组织发展的需求，这是人力资源配置研究的重心，也是对高校人力资源优化配置程序和方法的探讨。

（一）高校人力资源优化配置的基础分析

1. 高校系统分析

第一，高校整体的现状说明，包括高校类型、层次、规模、管理、办学水平和历史沿革。

第二，高校组织结构的分析，包括高校各组成部分的内涵、关系，以及高校工作岗位分工和不同岗位之间的相互替代关系。

第三，高校发展目标和趋势分析。

2. 高校发展目标的确定

主要包括对原有目标的可行性分析。对以原有目标为依据进行人力资源配置的结果进行分析，并对各种可能的目标方案进行评价，明确人力资源配置研究所确定的主要目标内涵。

3. 高校人力资源优化配置所依据的定量化指标分析

主要包括反映高校规模、层次的指标及其统计分析，反映高校教学科研水平的指标及其统计分析，反映高校人力资源现状的指标及其统计分析。

（二）高校人力资源需求模型分析

人力资源总量需求预测，是整个人力资源需求分析的基础，应将定量、定性分析有机地结合起来。高校人力资源需求分析方法是多种多样的，在选用具体方法时，应兼顾适用性和可行性等不同方面。

一般来说，应选择在预测领域内相对成熟、应用较广泛的方法，还应考虑如下几个方面的因素：方法应用的目的和范围是否适当、方法应用的各种条件是否具备、方法应用结果是否反映未来的发展趋势。

通过模型求解得到高校人力资源总量需求结果后，应进一步对高校各类别人力资源进行需求分析，特别是应对关键人才的需求进行分析，以体现人力资源优化配置，"抓关键"的指导思想。分析高校关键人才的需求，需首先确定关键人才的范围，然后可以从不同的角度、采用合适的方法进行需求分析，如可以教学骨干或科研骨干为基础提出关键人才结构分析模型，等等。

（三）高校人力资源供求预测

1. 高校人力资源需求预测

对高校人力资源的需求预测，主要是以高校的发展战略目标和工作为依据，综合考虑各种因素的影响，对高校未来人力资源需求的数量、质量和时间进行估计的活动。

人力资源需求的影响因素主要有三大类：高校外部环境、高校内部环境、人力资源自身状况。

很多高校在预测人力资源需求量时会根据主观臆断确定人才需求量。但在实际工作中，往往是各个主要影响因素共同决定了高校人力资源需求量，且这些因素与人力资源需求量呈线性关系。所以，可采用多元线性回归法来预测高校人力资源需求量。

2. 高校人力资源供给预测

高校人力资源供给预测主要来自两方面：一是高校内部人力资源供给，如人员晋升、调动等的预测；二是高校外部人员补充的预测。

高校内部人力资源供给是高校人力资源供给的重要来源。高校人力资源需求的满足应优先考虑内部人员资源供给。

高校内部人力资源供给，应考虑下述三个方面的因素：①高校内部人员的自然流失；②内部流动；③调往外单位。在预测高校内部人力资源供给时，常用的预测方法是马尔可夫模型。马尔可夫模型是全面预测高校内部人员转移，从而预知高校内部人员供给的一种方法。其前提是：高校内部人员有规律地转移，且转移概率有一定的规则。

高校外部人力资源供给预测。由于高校内部的自然成员及办学规模的扩大而形成的职位空缺不可能完全通过内部供给解决，因此需要不断地从外部补充人员。

高校外部人力资源供给的来源主要有：①高校应届毕业的博士、硕士、学士等毕业生；②留学回国人员；③复转军人；④引进的人才及其配偶；⑤其他组织人员等。

（四）高校人力资源供求综合调控平衡

高校人力资源供求关系一般可分为三种情况：一是人力资源供大于求；二是人力资源供小于求；三是人力资源供求平衡。人力资源规划的目的就是使人力资源供求达到平衡。当它们处于不平衡状态时，制定相应的政策措施，使高校未来的人力资源供求实现平衡。

1. 高校人力资源供大于求

高校人力资源过剩主要表现在行政管理人员过多，因此，高校人力资源管理部门可对高校内过剩的人员按年龄、知识结构、道德行为进行分类，根据分类情况采用以下举措：

第一，对有培养前途的人员加强培训，充实到教师和教辅队伍中去。

第二，对思想意识较差、法治观念不强、道德行为不规范的员工，实行永久性辞退。

第三，对一些接近退休年龄而未达到退休年龄者，可制定一些优惠政策，鼓励内退或校内退养。

第四，对一部分有管理能力和专业技术的人员，可以鼓励他们到校办产业或后勤服务部门。

2. 高校人力资源供不应求

目前，高校面临的主要问题是教学人员短缺、教师缺口大，人力资源管理部门可采取如下做法：从符合条件的管理人员中培训补充，提前预测需求，在高校毕业生中招聘；制定相关优惠政策，积极引进优秀人才；将身体状况良好的离退休教职工返聘到教学岗位；适量增加现有教师的劳动时间和工作量，并制定相应的报酬政策。

3. 高校人力资源供求平衡

高校人力资源供求完全平衡这种情况是极少见的，原因在于人员的年龄结构、知识结构、技术结构、管理能力等均处于动态变化的不平衡状况中。因此，仅从理论上说，高校人力资源供求平衡，是高校人力资源规划部门合理地调整人力资源结构，而取得的人力资源的相对供求平衡。

（五）高校教职工的考核

调动人的积极性，是人力资源开发与管理永恒的主题，是实现高校人力资源优化配置的关键环节。基于高校群体的特殊性，要在一般激励理论研究的基础上，构建适合高校的科学合理的奖励、激励机制与考核评价体系。

高校教职工考核，是对高校教职工现任职务的工作业绩和素质能力，以及担任更高一级职务的潜力，进行有组织的、定期的、恰当的、客观的评价。

从考核的概念来看，考核可以分为狭义和广义两种。狭义的考核指被评教职工完成自己应该完成的任务，以及完成任务的质量和数量。广义的考核除了狭义的内容之外，还包含对教职工潜在的能力和开发潜力的评价。

1. 高校教职工考核的目的

高校教职工考核的目的，是调动教职工工作积极性和创造性，最大限度地发挥教职工的潜力，同时以考核落实奖惩措施。因此，考核合理与否，深刻地影响着人才能否留住、高校能否稳定、发展战略目标能否实现。它是实现高校人力资源优化配置最重要的环节。

2. 高校教职工考核的作用

考核是公正、公平实行完全聘任制的保证，也是公正、公平地实施激励的前提；考核是用统一的标准尺度评价每个教职工的业绩，从而实现选拔优秀人才和可开发人才的重要手段；考核可以激励教职工发奋向上，形成争创先进的积极氛围。人事考核部门可根据考核的结果，对教职工进行必要的奖惩、晋升、调动、培训、辞退，形成良好的竞争机制。

3. 高校教职工考核的办法

一般来说，目前各高校均有一定的考核办法，但是效果未必理想。究其原因，一是考核的内容、指标、权重、方法不尽合理；二是考核的结果没有充分发挥作用。

因此，要制订科学的考核办法，根据高校的具体情况确定考核的内容，制订具体的指标体系，合理确定权重，选择合理的考核方法，重视考核结果的运用。

就考核的内容来说，除了考核教师的基本思想政治素质外，应重点考核教师的知识水平、教学质量、科研能力。

就考核指标体系来说，应根据不同学科、不同类型的教师的具体情况有所区别，合理确定指标体系的权重。

就考核方法来说，一是要将过程考核与结果考核有机结合起来；二是除了领导考核外，尤其要重视同行专家的考核。因为同行专家在本学科都有一定的学术造诣和丰富的教学经验，也有一定的政策水平。他们一般都能够对教师做出比较实事求是的评价。

第三节　高校人力资源优化配置的评价及对策

一、高校人力资源优化配置的评价

高校人力资源优化配置评价，是将高校人力资源现状、变动趋势和人力需求结构进行对比分析，从而确定人力需求和人力供给是否平衡的过程。评价是优化配置全过程的重要环节，其内容主要包括如下几个方面：一是对现状变动趋势进行分析，对目标年度的人员供给状况进行分析；二是对需求分析的结果进行评价，确定符合需求的可能的人力资源发展目标；三是将人员供给状况与发展目标进行对比，确定是否存在"人力过剩"或"人力短缺"，包括结构性过剩和结构性短缺，为下一步制订高校人力资源优化配置对策提供依据。

（一）高校人力资源利用率评价的原理与方法

1. 人力资源利用率的概念

人力资源利用率是指人力资源综合效益发挥的程度，在数值上表现为一定时期人力资源所产生的实际综合效益与其最大可能的综合效益之比。人力资源的综合效益来源于两方面；即人力资源配置效率和人力资源使用效率。

2. 高校人力资源优化配置的评价指标

国内学者在评价高校人力资源优化配置时，一般以考虑人力资源使用效率为主要内容，并提出若干单项评价指标。

学校人力资源利用率=年在校生数/校教职工数

专任教师利用率=年在校生数/专任教师数

算出的结果为教职工与学生比，教师与学生比。

教师平均授课时数=全校各科学期总课时数/全校教师数

（二）高校人力资源优化配置评价指标的不足及完善

人力资源的利用效率，是反映高校人力资源优化配置的重要方面，但还不是全部。因此，上述评价指标显然存在一些不尽完善的地方。从前面分析情况看，评价高校人力资源优化配置的程度，还应当对高校机构设置和岗位设置的科学合理程度、人员安排的合理性，以及人力资源在高校人才培养和科学研究方面发挥作用的程度做出评价。

要全面地评价高校人力资源的优化配置，必须采取定性评价与定量评价相结合、数量评价与质量评价相结合、人力资源评价与人力资源优化配置相结合的实际方法。在定性评价的同时，从高校相对人力资源、高校人力资源的利用率、高校人力资源的效用三个方面，建立评价高校人力资源的优化配置的定量指标。

对高校机构设置和人员安排的科学合理性的评价，主要采取定性分析。定性分析的标准就是看实际情况与前面指出的高校机构与高校人员配置使用的基本原则的相符程度，相符程度越高越好。

高校人力资源评价指标分为绝对指标和相对指标两类。

绝对指标主要有：教职工数、专任教师数、高职称人数(如院士、博士生导师、教授、副教授人数等)、专职管理人员数、教职工(教师)中高学历人数(具有硕士和博士学位人数)，等等。

相对指标反映了高校人力资源主观能动性、创造性的发挥状况，反映了高校人力资源对高校人才培养和科学研究方面的贡献，即反映了高校人力资源对教育产出质与量的贡献。

二、高校人力资源优化配置的对策

(一)转变观念，由传统的人事管理转向人力资源开发

人力资源管理是近年来才逐渐出现并普及的新概念和新术语，而且多见于企业经营管理教材。在高校，人们还是习惯于称之为人事管理。早期的人事工作主要限于人员招聘、选拔、委派、工资发放、档案保管之类较琐碎的具体工作，后来逐渐涉及职务岗位的设立和职务职责的制订、拟定绩效考评制度与方法、奖酬制度的设计与管理、人事规章制度的制定、职工培训活动的规划与组织、养老保险和富余人员的流动管理等。

当今世界，经济发展已进入了以人力资本为依托的发展新阶段，人才成为竞争中争夺的焦点。在这种形势下，高校管理者必须转换观念，树立起"以人为本"的管理理念，视人力为最宝贵的资源，通过合理开发可以增值进而推动经济发展。

人事管理要由单一的事务型管理转为"战略型管理"，重视人力的开发和利用；进行制度创新，建立完善配套的管理体制，使人力资源开发具有良好的制度环境；实施人力资源管理的战略规则，制订系统的人力资源开发计划；建立健全人才流动机制和高效的激励机制，盘活人力资源存量；遵循能位匹配原则，从整体上追求最佳配置方式，以最适合的代替最好的，做到位得其人，人适其位。最终目标是运用合理的管理机制达到人与人之间、人与事之间的最佳配置，以最大限度地发挥人的潜能。

人力资源开发是与社会经济的发展紧密相连的。社会经济全方位的发展，必然要求人事工作改变过去的工作方法，由封闭静止的人事管理，转向开放动态式的人力资源开发。现代社会的发展要求人力资源管理日益社会化和信息化，人事管理行为必须适应这一要

求，使人事管理活动的各个环节透明化、公开化。

树立服务意识，完善人事部门的职责，加强服务功能。吸收、借鉴西方现代人事管理方法，把人力资源开发当作一门技术来研究，制订符合本行业职业规范的人才招聘、人才测评、业绩考核、薪金设计、职业生涯设计等人事管理体系，为各级各类人员服务。增强人事管理从业人员的服务意识，面向基层、面向教职工，提高服务质量。

（二）加强师资队伍建设，构建高效优化的教师队伍

高校教师队伍是高等教育事业发展最重要的人力资源。因此，要确立教师在高校办学中的主导地位，建立有效的机制，为教师水平的提高及充分发挥其作用，营造良好的氛围，使教师的能动性和创造性得以充分发挥。

要采取多种形式培养高校教师，努力提高教师队伍的整体水平。随着知识经济时代的到来，人才将作为最重要的生产要素，在国民经济中起着主导作用。因此，新的历史发展时期对高校的师资队伍也提出了更高的要求。选拔培养出素质好、有潜力的教师队伍，为他们营造一个良好的学术环境、工作环境和生活环境，促进高校教师队伍整体素质的提高，是目前进行师资队伍建设的关键和重点。

要为教师学历的提高创造必要条件，需加强对青年教师的培养，加快青年骨干教师和学术带头人的培养，提高教师的教学水平和科研水平，从而提高高校人力资源的品质。要不断充实和调整教师队伍，优化教师资源配置。在高等教育快速发展时期，高校应根据自身的特点，不断地充实教师队伍，积极探索制度创新，改革和调整教学科研组织方式。按照相对稳定、合理流动、专兼结合、资源共享的原则，探索和建立相对稳定的骨干层和出入有序的流动层相结合的教师队伍管理模式，以及教师资源配置与开发的有效机制。通过多种途径拓宽专兼职教师来源渠道，促进教师资源的合理配置和有效使用。通过有效的体制和机制的变革，最大限度地激发广大教师的积极性。

（三）创建合理有序的高校人才流动机制

人才的合理流动，有助于促进整个社会的人力资源合理配置，有助于每一个人才最大限度地发挥自己的才能。人才流动既包括人才在一个单位内部的岗位流动，也包括人才在不同单位乃至不同区域之间的流动。

教育投资是体现在劳动者和专门人才身上的从事复杂劳动的能力。这种蕴含在人体内的劳动能力，只有在最适宜的环境和条件下才能发挥最大的效用。而市场经济的发展和产业结构的变化，往往也使劳动力和专门人才发挥作用的环境和条件发生变化。这就需要根据这种变化对人力资源进行再配置，通过劳动力和专门人才的合理流动，满足经济的发展和变化对各种人才的新的需求。

（四）完善工作绩效评价系统，建立有效的竞争激励机制

首先，应建立科学合理的考评指标体系。考评指标体系的建立，既要考虑经济效益，又要兼顾社会效益；既要考虑基础学科，又要兼顾前沿学科。能量化的指标要量化，定性的指标也应以分值求权重对应。

其次，科学地组织考评程序。根据考评指标通过"自我评价—群众测评—基层组织评价—单位考评小组评价—校考评领导小组审核—公布考评结果"等步骤，对全校人力资源进行合理的评价。在每一步的评价中，都应将有关信息及时反馈给个人和基层组织，使考评程序公开化、透明化，做到公平、公正、公开，以便于被考评对象不断调整自己、优化自己，向发展目标接近，从而达到人力资源优化的目标。

再次，建立与考评结合的奖惩机制。高校应该结合考评结果，建立起考评激励机制，将考评结果与体现个人价值的职称聘任、选拔带头人、个人收入等挂钩。

建立合理有效的激励机制，应包括三个方面的工作。

第一，建立公平、合理、具有较强激励作用的分配体系，使个人能力、成果及对高校的贡献作为参加薪金分配的要素。

第二，建立公平合理的绩效评估体系，由事后考评转向以能力发挥为主的激励或绩效考评。不以完成交代的任务为满足，而以团结协作解决问题为目标，从岗位入手确定衡量绩效的标准，执行反馈，重视交流与讨论。在评价中，除给予合理的绩效评价外，应重点根据个人的工作成果与工作能力，帮助其进行职业规划，建议其应从事的发展项目和晋升途径，以有效地发挥其潜力。

第三，营造使全体人员都平等参与的具有凝聚力、亲和力的校园文化和学术氛围。注重非智力因素在个人和组织取得成功过程中的重要作用，建立健康向上的群体规范。

第四章
高校人力资源招聘管理

第一节　高校人力资源招聘

高素质人才是高校发展的重要推动力。目前高校的发展不仅取决于先进的仪器设备、高端的校园硬件设备及富足的财政投入，而且取决于学科领域有造诣的专家学者的数量。所以，人才的吸收引进已成为各大高校的工作重点。

一、"转型"解析

高等教育已经进入大众化阶段，并继续向普及化高等教育阶段发展。学生群体的多元价值观对高等教育和高校教师产生了影响，高等教育、高校和高校的学生呼唤新型教师的出现，并对教师的素质、结构等产生了作用力，教师群体逐渐分化。这是我国高等教育在宏观方面的第一个转型。

第二个转型是，随着我国信息化的高速发展，高校教师的角色和功能也逐渐发生了转变。高校教师传播知识的功能逐渐减弱，道德指引和学习促进的功能逐渐强化。"传道、授业、解惑"的传统师道在新的社会转型期焕发出新的生机，被赋予新的内涵。面临着其他信息提供者和社会化机构作用的不断增强，人们期望教师担负起道德指引和教育指引的作用，使学习者能够在大量的信息和不同的价值观中不迷失方向。教师逐渐成为学习的促进者和道德的指引者。高校的教师招聘行为也应该顺应这种变化，注意选拔那些能够促进青年学生道德发展和学习能力发展的候选人进入高校，从事教育职业。

第三个转型是，教师招聘行为已成为高校这一组织实现其战略目标的重要环节。教师招聘作为高校人力资源管理战略的核心，对于高校战略目标的实现，以及人力资本的增加都起着越来越重要的作用，人力资源管理也已由以往的行政支配角色转变为高校的战略伙伴角色。因此，应该持续深化高校人事制度改革，建立真正有效的激励竞争机制，优化教职工队伍的结构。人事制度改革要有利于教师聘用由身份管理向岗位管理转变，由高校行政管理向法制管理转变，由行政任用关系向平等协商的合同聘用关系转变，由微观的人事管理向宏观微观相结合的人力资源战略管理转变。

二、招聘权的行使

招聘权的行使目前主要有两种模式：一是分权式，由学院等具体用人部门提出人选，由学校决定是否聘用，具体用人部门的意见具有相当的影响力；二是集权式，具体用人部门的权力是虚的，实际的决定权在学校。但是，两种模式都有弊端。招聘委员会的组成人员应该既有学校内部的专家，也有学校外部的专家；既有本学科的专家，也要有教育专家、心理学专家和人力资源管理专家。无论什么模式，招聘人员的专业眼光和道德水准必须是一流的。

第二节　高校人力资源的招聘流程与聘任制

一、招聘的程序

招聘的程序应该公正透明和富有竞争性。招聘委员会是教师招聘行为的最重要的主体，以合议为工作方式，决策由集体完成，通过投票决定是否聘用教师，从而防止由于个别成员的因素影响招聘的结果，最大限度地保证了教师招聘的质量。在具体运作上借鉴了企业招聘的外包制，即把大量的人力资源行政性事务，如薪金发放、福利管理、招聘选拔和日常培训等，外包给专业服务公司或咨询公司。通过外包这种形式，不仅可以提高人力资源服务的效率，降低成本，而且能将更多的时间、精力投入到人力资源战略的制订、发展和实践上。

二、招聘的标准和要求

招聘的标准和要求应该根据学校的定位、特色和学科布局等斟酌确定。一般可以分为资深教师和资浅教师两类实施招聘行为。在某些特定的情况下，也可以采用别的标准。尽管这样，高校的教师招聘行为仍然有着许多共同要求。

（一）共同要求

1. 学历要达标，至少应为硕士学位，这点教育部是有明文规定的。
2. 职业意识、职业道德和教育观也是一项重要要求。教师职业要求从业者有强烈的职业意识、博大的爱心、对人的深刻理解、坚定的正义公平信念和永不消退的对人及社会的责任感。这一点，无论是资深教师还是资浅教师要求都是一样的。

（二）资深教师

资深教师要身正、学高、领导力卓越。涉及学术人员的政策和做法应该坚持明确的学术标准和鲜明的道德标准，在招聘和晋级工作中尤应如此。

作为资深教师，首先是治学严谨、遵守学术道德规范的教师，其次是学术水平高、学术成果丰硕的教师。在当代科学技术环境下，资深教师还必须具备领导学术梯队、组织团队开展科学研究和教学改革的领导能力。

（三）资浅教师

资浅教师一般来讲学术成果比较少，学术水平也比较低，高校引进他们主要是为了缓解教师总量偏少的压力，降低生师比，因此，对这类教师的教学基本功和教学能力的要求要高一些。

三、高校教师聘任制度改革与创新的基本思路

（一）转变思想观念，加强舆论宣传

淡化高校行政管理意识，落实高校法人地位。高校聘用制改革应以高校的自主权为基础，要求政府职能实现从"无限"到"有限"的转换，政府与高校之间实行法律保障之下的职权划分，尊重高校的法人地位。另外，政府和各高校应进一步加大对教师聘任制度的宣传力度，切实转变高层管理人员及教师的观念，激发其上进心与竞争意识，树立开放意识和流动意识。

（二）完善校内教师职务聘任制

1. 实行教师职称评审和职务聘任的双轨制

专业技术职务评聘分开，不受单位专业技术岗位数额限制。高校根据专业技术岗位的需要，自主聘任具备相应任职条件的专业技术人员担任相应的专业技术职务。专业技术人员获得的专业技术职务任职资格不与工作待遇挂钩，但可以作为高校岗位竞聘，进行人才交流，参加学术、技术等活动的依据。聘任专业技术职务后，可享受相应的工资待遇。这样有利于调动广大专业技术人员创业的积极性，真正实现了以岗位定称谓、以岗位定待遇的机制，使职称工作逐步朝着评价社会化、用人聘约化的方向发展，最终实现人才资源的优化配置。

2. 科学合理设岗，强调依岗择人

教师职务聘任制的核心就是按需设岗，按岗聘任。高校要根据学科建设需要和教学科研工作任务，按照"精干、优化、高效"的原则，设置教师职务岗位。科学合理设岗成为职称改革中的重点和难点。岗位设置实质上是对学校人力资源进行配置，学校应紧紧围绕学科发展和队伍建设进行配置。高校应按照"因事设岗、依岗择人"的原则，按学科设岗，以学科建设和发展为龙头，突出学科带头人和学术骨干的地位，发挥各种职务教师的作用，以利于促进教师队伍结构趋于合理。

3. 完善评聘机制，确保评聘公平公正

一是下放职务审批权，学校分科组建聘任委员会；二是建立各级"学术道德委员会"，完善职务评聘监督体系。"道德委员会"是高校学术道德监督机构，其成员应由德才兼备的教师组成，他们的产生须有一定的民主程序，以保证成员的代表性和广泛性。它具有独立依法行使监察的权力，不受其他任何行政部门的干预，有权追究在评聘工作中弄虚作假者的法律责任，约束和惩治学术不端行为和评聘中的违规违纪行为，以维护学术的尊严，净化学术环境，同时其自身还应接受上级主管部门和群众的监督。

4. 构建科学合理考核指标体系和方法

考核指标体系科学与否，方法妥当与否，是否有利于教师潜能的发挥，直接关系到聘任制度能否得以积极有效的实施。就其过程而言，聘任工作是一个循环式的过程，其考核可以分为聘前考核和聘后考核两种。通过聘前考核，了解应聘者的能力与水平，为是否聘用提供主要依据；聘后考核，是对教师在任期内的过程考核，包括年度考核、中期考核和期满考核。不同时段的考核，其指标是不完全一致的。

（三）完善救济制度，保护教师的合法权利

在推进教师聘用制过程中，建立和完善以下两种教师权利救济制度。一是完善教师申诉制度。教师申诉制度是最快捷、成本最低廉的一种权利救济手段。教育行政部门可以通过调解方式进行公正处理，使教师和学校的合法权益得到保障，维护学校的稳定；二是建立行政诉讼制度，教师与高校的聘用制合同纠纷可以通过申诉和人事仲裁方式解决。

综上所述，只有深化高校人事制度改革，在人事管理上实行彻底的聘任制或聘任合同制，强化岗位管理，重视考核评估制度，从多方面调动教职工的积极性和创造性，才能把高校人事工作推向一个新的台阶，促进我国高等教育事业的发展。

四、岗位管理和教师聘任制度背景

近年来，各高校进行了一系列人事改革和收入分配改革，提出了基于岗位管理和教师聘任制度的人力资源管理，基本实现了"能上能下，能进能出"，既坚持竞争原则，又注意

人际关系的和谐性，通过建立岗位管理制度，实现由身份管理向岗位管理的转变，创新管理体制；通过转换用人机制，由固定用人向合同用人转变，调动高校各类教师的积极性和创造性。整合人才资源，凝聚优秀人才，建设精干高效的队伍，对进一步加大"人才强校"战略的实施力度，加快高水平师资队伍建设步伐有着重要的意义；同时，优化人力资源配置，实现人事管理的科学化、规范化和制度化，对高校实施现代人力资源管理提出更高的要求。教师和学生始终是高校的两大主体，基于岗位管理和教师聘任制度的高校人力资源管理改革为高校注入了活力，促进了高校人才资源的开发，科学设岗、按岗聘任，高校人力资源管理工作正朝着制度化方向发展。

五、实施岗位管理和教师聘任制度使高校迈入人力资源管理新阶段

（一）人事管理与人力资源管理的区别

人事管理是以"把事管好"为原则，以事为中心，把精力放在员工的考勤、档案、合同管理等事务性工作上，被定位为后勤服务部门。人力资源管理则以"开发人的潜力"为原则，以人为中心。

（二）高校迈入人力资源管理新阶段

高校人力资源管理更具挑战性，高校人力资源密集且承担人力资源培养任务，高校竞争优势的来源是教师，教师本身凝结了较高的智力和创造性，是高校最重要的人力资源。我国学者把高校人力资源分成三个部分：行政管理教师、教学和科研教师、后勤服务与教辅教师等。因此，高校定编定岗复杂，聘任形式多样。高校人事制度改革的核心是要利用学校有限的办学资源，通过政策导向，促进人与事的有机结合，人与岗位的合理配置。高校实施的岗位管理和教师聘任制度，按照人力资源管理科学的应用与开发，已经区别于人事经验型管理。教师聘任制度使高校教师职业生涯规划更利于优化高校资源配置，提高了高校的向心力和凝聚力，实现高层次激励的作用。大部分高校人事收入分配制度也进行了改革，实行了"九级制""职务+业绩""职务分等"的综合模式，这都是人力资源管理在高校应用中的重要体现。

六、基于岗位管理和教师聘任制度的高校人力资源管理

（一）构建科学合理的设岗、聘任、考核评价联动机制

在岗位设置和聘任中，坚持科学设岗、宏观调控的原则，界定与岗位设置管理密切相关的激励因素，主要包括：绩效考核激励、薪酬福利激励、晋升激励、培训激励和精神激

励。结合高校的办学定位和发展目标，以人为中心，体现以教师为主体，向教学、科研一线和关键岗位、向高层次人才倾斜的导向性。坚持按岗聘任、合同管理的原则，突出高校学科和专业建设发展的特色，加快高校高水平师资队伍建设步伐。构建科学合理的设岗、聘任、考核评价联动机制很有必要。

（二）构建合理的人力资源开发体系

高校是人力资源密集地，更应该合理开发高校教师这一人力资源。在高校人力资源的开发与管理中，要解决如何从长远、整体、系统的角度，有效地优化各种教育资源，建构出具有前瞻性、可操作性、统一性、灵活性的、科学高效的开发体系，包括教师的继续教育、激励与考核机制、管理制度、课程体系、行为规范、师资队伍、社会实践、环境应对与政策过程等。一个好的高校人力资源开发战略还应该时刻关注社会发展的趋势与要求，预测未来社会对于人才的需求，主动适应现代产业链、产业群的发展和激烈的人才竞争。稳定和吸引高层次的管理人才与学科带头人，使高校管理和学科群体与国际接轨，优势不断延续与扩大，最大限度地提升学校综合办学实力，展示人才的魅力。

（三）构建长效工作机制

高校岗位设置与聘任管理工作事关高校事业的长远发展，事关人才队伍建设的质量和水平事关高校教职工的切身利益，理应构建长效工作机制，且随着时间、条件的变化而不断丰富、发展和完善。

第三节　高校人力资源招聘中的人才测评

随着高校扩招，高校的发展进入新的关键时期。高校要成为人才培养的摇篮，其前提就是要有一大批高素质的教师人才。因为能否培养出符合社会需求的大学毕业生，在很大程度上依赖于高校教师的素质水平。加强教师队伍建设，是优化教师人员结构、提高教师队伍整体素质的紧迫任务。目前各高校纷纷扩大规模，因此高校教师的需求量急剧增大，高校教师队伍建设面临新的形式和挑战。如何通过人才测评技术选拔出优秀的高校教师，成为高校教师队伍建设的当务之急。

一、高校教师招聘工作的现状分析

当前许多高校为了谋求长远发展，竞相引进和聘用高层次、高素质人才。但是聘用人才的前提是判别哪些是本校真正需要的人才。然而，要正确了解一个人才的"全面性能"绝非易事。我国许多高校的人力资源部门在教师招聘中，主要根据应聘者的学历、专业、毕业院校、行为表现等来推断其素质情况，普遍遵循着看简历—面试—试用—录用（或辞退）这一流程。但是这些流程有时无法触及应聘人员的内在素质。人力资源是一种具有主观能动性的重要资源。在实践中，只有把合适的人安置在合适的岗位，才能最大限度地发挥人力资源的潜能。高校管理者要具有现代管理的思想和意识，在人力资源管理中要尽量采用科学的方法和手段。随着现代科技进步、经济和社会迅速发展的需要，人才测评作为人力资源管理的一种有效工具，其重要性日益为人们所认识，人才测评在高校教师招聘中的作用日趋显现。

二、人才测评先进性的具体表现

所谓人才测评，是指综合运用心理学、管理学、测量学、系统论、行为科学和计算机技术等多学科的原理和方法，对社会各行各业所需人才的知识水平、能力结构、道德品格、个性特点以及职业倾向和发展潜力等多种素质进行测量和评价。科学地测评人才是一切人力资源工作的起点。人才测评作为选拔人才的重要手段，越来越受到企事业单位和个人的重视。人才测评的先进性主要表现在如下几方面。

（一）测评方式客观、公正

人才测评技术是一种客观性选择，采用的是科学方法。科学方法是指实践证明为准确、全面和方便的测量工具和评价方法。在同类同级岗位任职者的甄选中，人才测评技术运用心理测验的标准化方式，使被测试者处在相同的测试方法、测试题目、测试环境以及相同的标准下进行测试和评价，因此，这一方式既客观又公正，能真正体现"公开、平等、竞争、择优"的选才原则。

（二）评价结果准确、可靠

人才测评技术是针对某一"素质测评目标系"进行判断与衡量的。人的素质是由一系列素质测评目标组成的一个具有多向结构的目标"坐标系"确定的。任何单方面的判断与衡量，都难以真实地把握其实质。人才测评注重考察人的实际能力、经验与业绩、潜在的智能水平、心理本质、职业倾向等，并注意所测内容的全面、完整和多元化，注意从多角度、多侧面去观察和评价一个人，最大限度地减少测评误差。人才测评作为一种科学的评价体系，可以为组织选人提供科学依据，使评价结果能准确地反映被测试者的各方面素质水平。因此，运用测评技术不仅能发现优秀人才与奇缺人才，而且能提供有关各人之长、短的信息，使用人单位取长补短，优化组合。

（三）选才效率高

人才测评技术既可以对单个人进行评价，也可以在较大范围内对一群人同时进行测量与评价。目前，许多人才测评技术已经实现了人机一体化，在进行计算机测量时，许多人可同时进行，选才效率大大提高。

三、人才测评在选拔高校教师中应用的理论和实践基础

（一）理论基础

人力资源管理工作的核心是人与岗位的匹配。这种匹配要求把个人素质与岗位的特征有机结合起来，从而获得理想的效果。人员选拔过程中，对选拔方式的选择很大程度上决定了人员选拔结果的好坏。在国内各企业界进行人才招聘与选拔时，大部分都采取人才测评的方式。目前高校也较多地使用人才测评技术。人才测评已经不是新的概念，它正在人力资源管理活动中发挥越来越重要的作用。

目前，为人们耳熟能详的除了"人才测评"这一词语外，还有"人员测评""人员功能测评""人才素质测评""人才评价"等术语。它们与"人才测评"有着相同或相近的含义。本文中采取"人才测评"的概念。所谓人才测评，是通过多种科学、客观的方法，对人才的知识、能力、技能、个性特征、职业倾向、动机等特定素质进行测试与评价，以判定被测试者与岗位、组织的匹配程度。现代人才测评的主要内容是个人稳定的素质特点，一般包括能力、人格(如兴趣、动机、态度、品德、价值观等)、知识技能，另外，心理健康也是人才测评的内容之一。现代人才测评是对人才需求标准的变化而产生的一种新型人才鉴别、评价方法和技术，已逐渐为各企业所积极采纳和应用，在人才选拔、安置、培训、考核等人力资源管理的各个方面发挥积极作用。现代人才测评的作用，概括起来有三个：第一，择优和汰劣作用；第二，减少用人失误的作用；第三，自我认识作用。目前国际上比较通用的人才测评工具主要有笔试(包括心理测验中的纸笔测验)、面试、情景模拟和评价中心技术以及计算机测评等。在通常的素质评价中，一般比较关注技能和知识。

（二）实践基础

高校教师需求增大，招聘到的教师良莠不齐，素质不能保证，为人才测评技术的应用提供了必要性。目前，高校人事部门对于人才测评技术逐渐熟悉和重视起来。同时，大多数行业和岗位供给大于需求，高校教师也是如此。这种现象为高校教师人才选拔中人才测评技术的实施在被测试者方面提供了可能性。

四、如何加强人才测评在选拔高校教师中的应用

针对高校教师选拔中的一些局限性，最好的解决办法是在各高校中逐渐建立健全人才测评系统，加强人才测评技术在选拔高校教师中的运用，使高校教师选拔更为科学、严

谨、有效。加强人才测评在选拔高校教师中的应用，需要从以下几个方面做起。

（一）提高人才测评技术的使用频率

提高人才测评技术的使用频率，使其成为选拔高校教师一个重要的辅助手段。

（二）对工作岗位进行全面分析，确定任职资格

高校只有通过工作分析，才能确定组织内部不同岗位需要哪些素质特点的人才，判断出哪些人才适合哪些系部的需求，也才能确定招聘与选拔的标准，从而确定不同教师岗位的任职资格。

（三）确定高校教师选拔中的维度

确定核心能力、社会角色、自我概念、特质和动机等维度，并选择恰当的测评工具如对这些维度进行测评。运用测评工具，力求科学评价后备人才的综合素质。

（四）测评形式多样化

降低对面试的依赖性，将不同的测评手段如评价中心技术、情景模拟、心理测验进行合理搭配，综合运用，最大程度地实现测评效果的优化。加大量化测评的力度，提高测评的科学性。

（五）测评程序规范化

研究制定与各专业教师特点相适应的测评操作规范和实施细则，严格按程序进行测评，提高测评的一致性和准确性。

五、在高校教师招聘中运用人才测评的意义

高等教育的发展是人才、资源、制度等多种因素有效作用的结果。但在诸多因素中，人是最活跃的因素，是高校长足发展的直接因素。因此，千方百计吸引高素质人才，按照高校自己的人才标准引进和招聘人才，成为各高校追逐制高点的首要目标。通过对人才进行测评，不仅可以使高校更深入地了解人才素质，确保人才质量，而且对人才进行测评是适应知识经济发展的客观需要，也是尊重人才、重视人才的具体体现。在高校教师招聘中应用人才测评有着深远的意义。

（一）有助于高校发现真正适合于从事教育的人才

用人贵在"善知"，即必须借助人才测评，才能对不同人的德、智、能、绩的实际水平有较为客观的了解和掌握。为确保高校的长远发展，必须有能够胜任并喜欢从事教育工

作、具有很大发展潜力的人员，这便要依靠人才测评，让优秀的适合于从事教育的人才脱颖而出。借助人才测评，在对应聘者有了准确的把握后，高校便可以在应聘者和招聘（未来）岗位之间进行匹配比较，从而做出合理的、科学有效的招聘决策。

（二）有助于对高校未来的人才需求做出正确的预测

所谓预测，就是立足于过去和现在，预料和推测事物发展的未来。把人才测评应用在高校教师招聘中，不仅可以使高校选择合适的人到合适的岗位，做到"人尽其才""才尽其用"，最大程度地发挥人的创造性和能动性，提高决策的科学性，而且有助于高校人力资源的预测和配置。在一个学术梯队中，共同的事业不仅需要每位教师都具备优良的素质，而且需要人才素质结构的合理组合。通过人才测评能全面了解教师的潜在能力、心理潜能和职业倾向素质等，加深对教师内在发展潜力的认识，预测教师未来的发展情况，从而更好地为教师梯队的配备和建设制定政策，建立起一支高功能、高效率的师资队伍。

（三）有助于避免经验管理造成的失误

人才测评在人力资源管理中正是解决"知人"的问题。在员工招聘中，应用人才测评的作用十分明显，大大降低了由于经验管理造成的失误，为高校把好"进入关"提供科学依据。

总之，人才测评技术的应用实现了人才识别从依靠经验到依靠科学、从观察表象到内审潜质、从评价现在到预测未来的全方位转变。对于高校而言，在使用这一技术时，应结合本校实际，如职位情况、师资队伍总体情况及学校的发展方向等，科学地使用测评工具。这样才能使其在高校教师的招聘中充分发挥作用，增强高校的竞争实力和实现高校的长足发展。

第四节　高校人力资源招聘完善对策

随着高校扩招速度的加快，高校之间的竞争也越来越激烈，各个高校通过对其师资队伍和结构进行优化，不断适应教育形势的发展要求。如何招聘高素质人才，建立一支高素质师资队伍，进而在教学管理和科研领域处于不败之地，已经成为许多高校发展中的重点内容。

教师是高校最核心的资源，是落实高校人才培养和决定高校发展的关键因素。构建高质量高素质的师资队伍已经成为各高校工作中的重要任务，也是各高校应对日趋激烈的同行竞争的必然选择。其中，高校教师招聘工作又是师资队伍建设的重要一环，其招聘结果的好坏将直接影响着高校的办学质量的提升和发展目标的实现，甚至会影响到高校功能的发挥和高等教育改革与发展的成败。因此，不断完善当前我国高校教师招聘工作，改进招聘体系，成为各高校师资队伍建设工作的重中之重。

一、根据学校总体发展战略合理招聘教师

高校发展战略是指一个高校在发展过程中，所制订的在一定时期内总体发展目标和发展策略的指导性规划。高校发展战略规划一般都是建立在学校发展现状基础之上的前瞻性、开拓性和科学性的文件。战略管理的本质在于制订战略计划并且根据组织内外环境的变化而及时挑战相应计划。所以，高校在进行教师招聘的过程中，要能够根据教师总体发展战略，充分考虑高校内外环境和教育发展形势的变化，确定其总体战略规划定位，主要包括学校发展规模、服务方向、办学层次、办学方向、培养规划等。高校发展战略规划对于高校教师招聘具有重要作用，高校教师招聘必须根据总体发展规划来进行，选拔什么学科背景的教师、什么层次的教师、多少教师都是根据这个标准而制订的。

二、做好教师需求预测和人力资源总体规划

为做好高校人力资源总体规划，需要对高校现有的人力资源状况进行调查，即现有教师数量、年龄结构、专业分布、工作经历和学历职称层次等，并根据学校总体发展战略，对学校人力资源总体需求进行预测，对二者之间的差距进行分析，并根据这种差距分析，充分考虑人才市场行情变化状况，结合学校具体的专业和学科发展需要，确定学校合理的人才结构，做好人力资源需求预测，并以此为依据，做好学校人力资源规划。

三、充分重视高校人才聘后评估

高校在确定人力资源需求以后，就可以据此建立一个求职者人才库，通过合理的人才招聘渠道，实施教师招聘工作，并且在进行教师招聘的过程中，为了增加招聘过程的有效性，尽量采取多学科多专业集中招聘的方式，从学校内部和外部统一招聘教师。在招聘结束以后，要加强聘后评估工作，既可以通过考察新进入才在实际工作岗位中的工作表现，对学校招聘工作有效性进行分析；也可以对招聘的成本收益进行分析来评估学校招聘工作的有效性，其主要评估标准有教师录用比、教师录用质量分析、应聘比率、招聘完成率等相关指标。

四、加强对新进教师的上岗培训和做好职业规划

高校在完成教师招聘工作以后，要加强对新进教师的上岗培训，特别是要结合员工的

职业发展规划做好培训，这也是高校人力资源管理环节中的一个重要部分。

高校教师招聘应该根据学校现有发展状况，基于高校总体发展战略目标，结合学校定位、学科特色和分布状况具体实施。各个高校在进行教师招聘的过程中，要不断规范招聘程序、拓宽招聘渠道、制订科学选拔标准、增加聘后评估，不断提高高校教师招聘工作效率，为高校发展提供人才基础。

高校应该根据自身的学科或岗位需求坚持按需设岗、总量控制，根据需求计划考评相应学历、职称结构的应聘人才，这样才能做到职得其才，才得其职，才职匹配。

人才招聘的考评体系要包含如下几个要素。

1. 智力与能力的综合考评

要系统地掌握本学科的基础理论，具备相应职务的教育教学能力和科学研究能力，具有良好的思想品德修养和业务素质，忠诚于教育事业。因此，对高校教师的考评不能局限于对智力的考量，要加强对思想文化素质与道德品质觉悟的考核，同时，作为教师，对专业基础与语言表达能力的考核也是非常重要的一个方面。

2. 专业能力和学习潜力的考察

专业能力是指从事社会职业活动所必备的，展现出的知识、技巧与态度。主要包括三个方面：扎实的理论基础、熟练的专业技能、全面的业务能力。学习潜力是指学习者在日常学习过程中尚未表现出来的潜在的学习能力。构成学习潜力的重要因素，除智力因素外，还包括崇高的理想、求知欲、坚毅的性格等非智力因素。在人才选聘中，对人才专业能力与学习潜力的考核同样重要。

3. 团队精神的考察

团队精神的核心是协同合作，反映的是个人利益和集体利益的统一，进而保证组织的高效运转，它对组织效率的提高是一个不容忽视的因素。

五、拓宽人才招聘的渠道，创新人才引进机制

大学是智慧聚集之地，在人才招聘过程中要体现文化品位与学术精神。这就要求各高校除了积极"求才、引智"，还要在人才招聘的形式和渠道上给予更多的关注与设计。无论从传统的人才招聘会、媒体招聘，到新兴的网络招聘、视频招聘，还是到亲赴高校实地招聘，都要勇于拓宽人才招聘的渠道与形式，服从高校人才需求促发展的大局。在网络时代的背景下，运用和善用网络平台以及各类先进技术，借助日趋完善的网络环境、日益先进的远程技术，不断提升工作效率和品质，同时只要是需要，也可以采取符合实际情况的招聘方式。

六、不断优化校园人文环境，继续完善招才引智政策，全力构建人才实现自我价值的平台

人的需求从低到高分为生理需求、安全需求、社交需求、尊重需求和自我实现需求。人们的终极需求是实现自我价值，也是高层次人才的追求。因此，在引进人才工作中，帮助人才实现自我价值逐渐成为人才工作之首。高层次人才已经实现或正在逐步实现需求，目前他们亟待满足的需求便是自我实现的需求。因此，各高校要重视创设爱才、重才、惜才、护才的宽松环境，对引进的人才给予租房、购房、工资、生活、保障、贡献等六个方面的优待。从引进人才提供技术创新载体、建设学术科研梯队、疏通科研工作上的软障碍等方面，帮助各类人才在科研领域实现自我价值，吸引更多人才来校工作。

第五章
高校人力资源培训与开发

第一节　高校人力资源培训与开发理念

随着社会的进步和科技的发展，我国在经济方面有所成就。而国家经济增长和社会进步的一个重要因素就是人力资源的开发和培训。高校作为人才培训与开发的基地，高校人力资源培训和开发的有效性对于国家的未来有着重要意义。高校人力资源在培训和开发本身就是一个复杂的体系，涉及到校内外的各种环境因素和思想因素。

培训与开发是高校人力资源管理的重要环节之一，高校进行人力资源的培训与开发具有重要的现实意义，本节主要从高校进行人力资源培训与开发的重要性、培训与开发的原则及培训与开发的主要环节等方面讲述高校人力资源的培训与开发。

一、高校人力资源培训与开发的重要性

培训是使人获得有助于实现组织目标能力的过程，主要是更加岗位需求对劳动者进行相应的培训，主要目的是将一般水平的人通过培训以适应相应的岗位需求。高校人力资源培训的目的是使受训对象获得目前工作所需要的知识和能力。开发可以看成是提高当前工作所需能力之外的能力，它反映了提高员工处理各类任务的能力的一切努力。开发对组织和个人均有益。然而高校人力资源的开发是针对校园教师的开发，采取比较有效的手段，对具有岗位需求能力的教师进行能力的挖掘，从而提高教师的整体素质。人力资源的开发要保证教师能力的最大化利用。实现人力资源质量的提升和资源结构的优化，使高校获得较好的经济效益。

对于企业来说，人力资源的质量已成为组织成功的有效砝码，培训和开发人力资源成为人力资源部门的重要职能与任务。一般比较优秀的组织都有自己的一套培训机制，因为在以人为本的组织里提高员工的素质，使之能更好地适应工作需要是十分重要的，员工一般会十分看重组织的培训，经过培训的员工身价会大大增加。

在高校，有计划地帮助学校的新教职员工（包括教师、管理人员、后勤工作者等）或已有教职员工进行学习、操练和开发，使其在知识、技能及完成某些特殊工作方面有所提高。培训与开发的意义在于帮助教职员工掌握一般的基本技能，开发教职员工的工作积极性和创造力，最终提升学校的竞争力与优势。培训与开发可以视作一种从更广泛的意义上创造智力资本的途径。智力资本包括完成工作的基本技能，与人共享知识和技能及信息沟通能力，在工作运作中的理解和创意及拓展。所以，培训与开发对于个体来讲是一种提升，是一种开发，可以有效挖掘个体的潜在能力；对学校来讲也是一种提升，对提高学校的声誉以及学校的竞争力有很大帮助。

二、人力资源培训与开发原则

（一）从事实出发，以自然顺应为法则进行人力资源培训

针对人力资源的开发和培训，首先应该以组织日常管理的实际现象为立足点，着眼于被开发者所见所闻中的实际现象，对待被开发者的培训应该顺其自然，使他们自然而然地掌握培训知识。这一原则的实用性应该在人力资源开发和培训的初始阶段。

（二）从培养兴趣入手，系统化地进行人力资源的培训与开发

在人力资源的培训与开发过程中，我们必须注意培养被培训开发者的相关兴趣，引起他们对开发对象的注意，并围绕应掌握的某一知识、技能与品德行为，建立相对完整的培训与开发系统。这一原则适合于人力资源开发过程中的任何阶段，适合于人力资源培训与开发的任何客体与对象。

（三）在活动与疑问中进行人力资源的培训与开发

人力资源的过程是个实践过程，既然是实践，开发者自然不能仅仅依靠书本知识，要想办法如何实现教材知识变成实际能力。

这种原则对于技能和智力的开发实用性较强。进行培训与开发的基本步骤：第一，要安排一个对被开发者比较吸引力的活动，让被开发者处于一种十分有利的经验的情境；第二，安排一个比较真实的问题在情境内部，以便刺激被开发者的思维；第三，提前安排被开发者知识储备，以便解决后来遭遇的难题；第四，要敦促被开发者积极地解决问题，负起责任；第五，制造机会，给予被开发者思维的进行实际检验。

（四）以"最近发展区"为依据进行人力资源的培训与开发，以开发促发展

在现有的知识经验背景指导下，知识和经验的形成速度比较慢，不适应现在信息化急

速发展的社会资源开发。该原则比较倾向于利用先进手段解决问题的水平和独立解决问题水平间的差异，综合最好的开发模式，以此获得培训和开发对象最大发展。这一原则适应于技能开发、能力开发与思想品德的开发。

（五）通过典型案例进行人力资源的培训与开发

人类的知识用之不尽，取之不竭，但是总有小部分知识作为关键力量推动事物的发展。从人力资源的角度上来看，我们精选的本质因素和基础因素就是人力资源的中典型，这些典型因素是资源培训和开发需要掌握的重点，一旦重点掌握，就会达到事半功倍的效果。所以，我们在进行人力资源培训与开发的过程中，应该去粗取精、去伪存真，保证留下最有效的东西。这些知识要坚持由表及里、推此及彼的原则；人力资源开发和培训要保持最真的本色，找到关键因素，联系实际，帮助开发和培训的对象能够正确、全面地认识知识和技能。要充分利用案例的引导和基础性作用，在培训和开发的时候最大限度地发挥他们的应用价值。

三、高校人力资源培训与开发的主要环节

高校管理人员的培训与开发包括培训与开发的需求分析、培训与开发的目标确定等几个大致的步骤。

（一）人力资源培训与开发的准备阶段

高校人力资源培训与开发的准备阶段由培训需求分析和培训目标的确立两个方面构成。一是分析高校人力资源的培训与开发需求。在人力资源培训和开发工作前，要深入调查本单位人才数量、质量及结构等基本情况，同时要结合本单位的实际现状和近年的发展要求对人才资源进行调查和统计，结合统计结果，制订符合高校的发展规划及人才预测。这些都是为了确保人力资源的培训和开发能够有着坚实、可靠的基础；二是明确高校人力资源培训和开发目标。人力资源培训和开发总目标的确定，需要满足高校人力资源职业素养和时代发展的需求。高校人力资源的结构应该具有良好的文化素养，并且有奉献和敬业精神，在理论和实践中教育能力和研究能力不断发展而形成的教育智慧。因此，高校人力资源培训与开发的总体目标，既要保证高校人力资源对专业性知识和技能的掌握，又要提高他们对社会理解，从而对自身实践进行思考，强化竞争和合作的意识。高校人力资源培训与开发的具体目标如下：进一步加强高校人力资源培训工作的制度化和法制化建设，完善高校人力资源培训与开发工作的组织管理体系；全面提高教师专业素质和学历、学位层次；重点培养一批中青年骨干教师和学科带头人；加强学校管理人员及后勤服务人员的能力和素质。

（二）人力资源培训与开发的实施阶段

在这个阶段，对于高校人力资源培训与开发计划的制订，应考虑的是如何使培训开发的内容学以致用，这是高校人力资源培训与开发工作的灵魂。人力资源参加培训，除了补充岗位所需知识外，更需要通过培训，开发自身潜力，实现学以致用。在高校人力资源的培训与开发工作实施中，理应注重培养他们的职业道德、强化专业知识及开拓创新思维，对于他们的工作和学习能力的提升有很大的帮助。同时，也要把跟踪国内外高校的最新工作成果和科学研究动态作为高校人力资源培训与开发工作的重要内容。

1. 注重选择高校人力资源培训与开发的途径

一般来说，高校人力资源的培训与开发有以下几种途径。

（1）学历教育

国家对教师学历要求越来越高，在高校，管理人员和服务人员也面临着提高学历教育的问题。因为学历提高了，教职工的技能随之提高，教育、教学、管理和服务也就会协调发展，所以，学历教育开发途径将会在高校长期存在并发挥积极作用。

（2）任职培训

任职培训主要指针对高校聘用的新员工实行的短期培训。短期培训的主要目的在于帮助他们更快地适应新岗位。如教师岗前培训、干部任职培训等都属于任职培训。

（3）在职培训

在职培训的对象是在职任教的教员，这是聘任培训后的一种培训，提高在职员工的专业知识和教学能力是在职培训的主要目的。根据不同人员个性和工作性质进行分类培训，便于适应高校的各种变化要求。例如，参加学术讨论会和国内外访问等。

2. 注意高校人力资源培训与开发方法的选择

一般来说，人力资源培训与开发的方法很多，但是在实际选择中，要根据高校人力资源管理的特殊性进行选择。在高校人力资源的培训和开发中，比较合适的方法如下。

（1）反思式教学

高校人力资源培训与开发工作开展的主要目的就是对相关人员进行分类培训，使他们具有更加适应现代社会且具有反思批判精神的学习能力。所以，在培训过程中，要积极引导培训对象对观念、资料、现象及行为等做出自己的判断，并要提出相应的改革措施。培训中对培训对象的思想和实践都要进行培训，并且要时刻对培训对象进行培训考察，要求进行知识回顾和总结，使他们在不断知识总结中改进思想观念和实践办法。

（2）研讨式教学

参加培训的高校人力资源更热衷于彼此间的平等性互动学习。这些高层次人员在实践经验和专业知识方面都有自己的认识，彼此间进行工作分享和经验交流是十分有必要的。

而且在一般情况下，这些人员相互知识进行交流后，会得出更高层次的知识结论，成为工作的资源进行分享。在高校人力资源培训中，培训的角色扮演十分重要，要成为引导者和激发者，而不是灌输者和控制者。

（3）针对式教学

在教学活动中，"因材施教"始终是一个重要原则，有着重要的实践价值。所谓"因材施教"，一是针对培训层次的设置，不同的培训要使用不一样的培训方法，一般层次的培训可以采取课堂授课和谈论为主、自学和辅导为辅；对高层次来说，要以课题研究为主、总结和考察为辅。二是针对受训人员的薄弱环节，可以采用专题讲座和短期辅导的形式。

就培训方法而言，培训方法的运用可以结合现代科技手段实施。一是课堂讲座。课堂讲座是建立在专、广、深基础上的综合培训与开发的方案，是一种最为常见的、迅速简便的方法，一般成本比较低，可用大量的、集中的时间向成批的教职员工提供信息，包括最新知识动态，工作理念及有关专业理论等。二是视听技术运用。运用感性的现代化的手段，如电影、电视、录像带、录音带、投影和幻灯等多媒体技术，特点是清晰度高，有吸引力，提高授课的生动性、灵活性和现代性，也便于理解和记忆。适用于培训人员偏多的情况。三是网络教学。使用因特网和局域网进行信息传递，并通过浏览器的培训方法，其特点是方便、节省、交互，提高效率和可控性，同时也具有虚拟的情景，使培训材料新颖、真实、感性，也可以提供实际案例分析，提高实用性。四是案例学习。通过对相关的事例进行分析、比较、判断、推理和综合评价得出有效的结果，一般要求培训者具有知识基础和分析水平。五是观摩范例。通过观摩其他人的工作进行学习。这种方法主要适合刚到学校教学的毕业生，通过一段时间的教育见习，对明确上课的主要环节、熟悉课堂、了解学生有很大的帮助。

3. 注重对高校人力资源培训与开发的资金投入

所谓高校人力资源的投资，主要是针对在培训和开发中，对教职工智力和体力的保护和开发的投资。通过对人力资源的培训和教育，保护教职工智力和体力的同时，又进行了智力和体力的开发；人力资源培训不仅使教职工个体的需要得到满足，而且能调动教职工对于工作的热情和积极性。人力资源开发投资阶段需要立足全局，安排合适的开发管理人员和服务人员的参与，坚持整体发展的观点对教学人员、服务人员和管理人员同时期进行开发。当然，在人力资源开发是要以教学人员为主体，管理人员和服务人员为客体的原则，从整体上提高教职工的能力。

（三）人力资源培训与开发的评估阶段

高校人力资源培训与开发效果的评估是培训开发过程中的重要环节，是指在培训之后，高校人力资源管理部门运用科学的理论、方法和程序对高校人力资源培训主体和培训过程及其实际效果进行系统考察，把高校人力资源培训的效果用定性或者定量的方式表示出来。

高校人力资源培训评估的指标不计其数，如教学计划制订、教学策略分析、学生进步分析、学员之间交流分析等，涉及到人力资源管理的各方面。除了常见指标之外，受训者的观念与培训目标是否一致也是评估的指标。高校人力资源培训和开发的质量和标准的提高需要培训评估的不断推进。

高校人力资源在培训和开发效果有四个层次的划分：一是反应层。在培训结束后要积极考察受训人员的反应；二是学习层。就是对受训人员在培训中对培训知识的掌握程度；三是行为层。培训结束后，查看教职员的行为变化，判断培训知识对实践工作的影响；四是结果层。对比培训前后，在教学和研究等方面的业绩情况。

针对评估人员，可以是培训专家、受训人员、学生及领导等，他们可以从不同角度进行培训评估；评估对象一般是培训的项目和对象，或培训过程中各方面；评估方式可以问卷、考核及探讨等；评估范围可以设计培训的前后及过程，可以微观和宏观结合性评论。评估的结果会影响到下一次的培训改革，参考价值和指导意义都很实用。

第二节　高校教学人员的培训与开发

高校的发展离不开教学人员，改革的实施离不开教学人员，教学人员是改革中最关键的因素，因此，做好以教学人员为主的高校人力资源的培训与开发是至关重要的。教学人员队伍素质建设是整个教学人员队伍建设的核心问题，直接影响着高校的办学水平和教育质量。为提高高等教育办学质量和水平，教学人员的培训与开发是重中之重。

一、高校教学人员培训与开发工作的原则

（一）业务素质和思想素质的培训开发并重的原则

高校教学人员是学生的楷模，其思想素质直接影响到学生的思想品德发展。所以，在我国高校人力资源培训和开发的过程中，思想素质和业务能力贯穿培训和开发工作的始终。

（二）学历性培训和非学历性培训相结合的原则

对于教学人员质量和水平的提高，学历性培训的价值量很高，因此要注重培训开发学历性的培训。非学历性的培训主要是为了适应高校的发展和教职员自身的需求，针对教师人员的知识结构进行相应的调整型培训。非学历性培训具有比较灵活的特点，培训时间多

为一年或半年。

（三）注重反馈和强化的原则

培训效果的反馈和强化在人力资源培训过程中也是十分重要的。反馈可以回顾知识和进行知识巩固，还能有效地纠正错误。信息反馈得准确和及时，培训效果就会越开越好。强化是对受训人员的奖惩，这种强化应该在培训后一段时间后进行。例如，对那些受训后工作效益有明显变化的教职员。

（四）因材施教与有利于个人发展的原则

高校培训与开发的主要目的就是实现教职员工作能力的提高。然而，在实际的操作中，教师个体在知识背景、技术水平及个人兴趣方面都存在很大的差异。针对这些差异，最好的解决办法是有针对性地进行教职工的培训与开发，也就是说，针对不同的人采用不同的教学培训方式。因此，在培训和开发工作进行时要保证培训总方向的稳定性，又要因人而异地制订个性化的培训方案。

（五）理论与实践相统一的原则

教学人员在实际工作中，对于学生的知识理论和实践操作能力都要有所教授，帮助学生运用知识指导实践，用实践获取新知识。现代高校的人才培养要坚持理论与实践相统一，因此，培训需要复合型的培训，理论和实践缺一不可。

二、高校教学人员培训与开发工作的重点

（一）加强学历学位的培训工作

对于青年教师而言，攻读学位的过程，是增长知识的过程。这个过程既能帮助青年教师提高教学水平和科研能力，对个人发展的职业成长也有着重要意义。因此，培养工作的一项基础性任务就是提高师资学位学历。高校要采取相应措施，调动青年教师提高学位的积极性。对于属于攻读年龄范围的中青年教学人员，要限定时间，促使其报考。有条件的学校还可以与聘用制相结合，对达不到规定学历学位者可以在合同到期后不再续订聘用合同，或转岗改做其他工作。

（二）加强各级学科带头人和骨干教学人员的培养工作

对于高校骨干教师和学科领头人的培养是提升学校竞争力的重要方面，对于学校的学术发展也十分有利。因此，要加大针对骨干教师和学科领头人的培养力度，采取加大财力支持、增设相应岗位、校内分配倾斜等方式，为骨干教师和学科领头人的培训提供支撑。

（三）加强针对教学人员资格的相应培训工作

获得高校教学人员的资格必须具备本科及以上学历、岗前培训成绩合格、普通话相应等级等方面的条件。随着高等教育的快速发展，区域高校招生量大幅度增长，为此，学校补充和引进了大量的师资。在这些师资中，相当部分或未通过岗前培训，或因普通话未过关，或因其他原因的教学人员未具备教学人员的资格。此外，一些中专、中师学校并入高校，其教学人员也需要通过各种培训才能达到高校教学人员的资格要求。因此，加强针对教学人员资格的培训工作显得十分迫切。学校要制订具体的培训计划，包括培训对象、课程、时间等，采取必要的约束性措施，限定时间，要求教学人员获取高校教学人员的资格证书。

（四）加强出国培训和社会实践培训工作

高校应强化对教学人员的出国培训和参加社会实践的要求，通过政府、学校、个人三方共同承担培训费的办法，通过开展多渠道的国际交流活动，加强教学人员的出国培训。通过明确培训导向，完善培训体系，完善培训内容、培训结果与使用、晋升挂钩等办法，加强对教学人员社会实践能力的培训，使高校教学人员更好地为区域经济建设与社会发展服务。

三、改进我国高校教学人员培训与开发工作的措施

1. 树立终生教育的理念

在现代经济迅速发展的时代，教师职业也面临着各种挑战和机遇。这些挑战主要包括知识的更新变化、社会对教师要求的提高及优秀人才的需要等，因此，高校应树立终生教育的理念，为高校教师提供提升自身的平台，这对于教师和高校的发展具有符合社会发展趋势的重大意义。

2. 多方筹集资金，增加经费投入

为保证培训工作顺利开展，需要做好两方面工作：一是教育部门要将培训经费正确地落实到各个高校，高校也要设定专用培训经费，不得随意挪动；二是实施效益共享、责任共担的原则，建立政府、高校及个人三者间的培训经费制度，避免培训资源浪费。

3. 明确教学人员培训的目标

学校和教学人员个人必须要有明确的目标。对于学校而言，师资培训要具有计划性和长期性，真正做好工作的规划和后续保障。要根据学校的发展现状制订师资的总体规划，近期和远期目标结合设定，总体目标的设定对于师资机构优化有着特殊的指导性意义。对于教员而言，培训讲究的是理论和实践知识的互通性，帮助提高自身水平。因此，在培训

的实际操作中，既要认真学习和交流培训知识，又要通过教学实践检验和反省自身。

4. 改革培训内容和形式，提高培训质量

在内容上，既要注重业务知识培训，又要加强教学人员教育理念、教育教学技能等的培训，实现由知识补偿教育向以人的发展为中心的提高教育转变，在教育科研实践中提高教学人员的研究能力和创造才能；在培训形式上，要实现目标不同、内容不同、时间长短不一的各种培训形式相结合的模式，避免单调化。

5. 建立教学人员培训的激励约束机制，加强对教学人员培训的监督检查

首先，要建立对教职员工培训后考核制度的建立，及时对教职员工培训情况进行反馈和分析，督促教职员工有效地进行培训；其次，针对培训经费，要建立政府、学校及个人三方投资经费制度，增加教职工员对培训的珍惜；再次，对学位教师的培训要及加强约束，避免违约的损失；最后，教育部门要执行监督的作用，对不能保证培训效果的单位进行整改或取消资格。

高校教学人员的培训与开发工作是一项紧迫而长期的战略任务，它随着社会的发展和教学改革不断变化而变化，在高校教育中的作用十分重要。

第三节　高校管理人员的培训与开发

一、高校管理人员培训与开发的对象和内容

高校管理人员的培训与开发可以借鉴企业管理人员的培训与开发，虽然说企业与学校是两种不同性质的组织机构，但是在经营管理方面，两者还是存在很多共性的。管理人员的培训与开发对象，包括高层管理人员、中层管理人员和基层管理人员。无论是哪一个层级的管理人员，为了更好地履行现行职责，做好现任工作，都有提高自己各方面素质和能力的必要。

(一)培训与开发的对象

1. 高层管理人员的培训与开发

高层管理人员是指组织中最高领导层的管理人员。在高校主要指校领导，他们是学校的决策者和经营管理者。由于他们处于关键的位置，其影响对学校是举足轻重的。他们要照顾全局利益，正确处理学校中的各种关系，为学校的未来发展做出决策。因此，对高层管理人员的培训与开发显得尤为重要。

2. 中层管理人员的培训与开发

中层管理人员是组织的中坚力量，担负着承上启下和管理独立部门的责任。中层管理人员一般是某一部门的负责人，需要很好的信息沟通、人际交往、组织协调和决策的能力。因此，中层管理人员的培训与开发也是很重要的一个方面。

3. 基层管理人员的培训与开发

基层管理人员是第一线的管理人员，在他们的工作中，技术能力、沟通和人际关系的能力都很重要。因此，对基层管理人员的培训与开发的内容主要包括专业技术知识培训、管理基本理论和知识培训、思想道德素质培训等。

（二）培训与开发的内容

管理人员培训与开发的内容，包括品性、能力、知识三大块，在每一块中又有许多子因素，并且管理人员所处的层次不同，开发的内容与重点也不一样。

二、高校管理人员培训与开发的过程

管理人员的培训与开发必须制订详细的计划，规定具体的培训步骤。学校管理人员的培训与开发可以参照企业主管的培训开发。

（一）现有职务

关于管理人员的培训计划，是以对需要的分析为依据的，而这种分析又是从"实际成绩"和"要求达到的成绩"的比较而来的。它考虑的是目前职务对管理人员的要求。他的实际工作成绩与要求达到的成绩的差距，就是个人的培训需要。

（二）下一个职务

对新选拔出来的管理人员来说，下一个职务的要求与他现有才能之间的差距，就是个人的培训需要，构成组织培训的主体。例如，要求基层管理人员担任中层管理人员，就必须对其进行中层管理工作所需的培训。

（三）未来

学校要发展，就要根据内外的实际情况进行预测，结合未来管理人员的需要，规划为高校发展的整体趋势，从而设置培训目标和方向。这也是高校管理人员培训和开发的关键环节。

对管理人员的培训与开发有两种方式：一是在职培训；一是脱产培训。高校管理人员的培训与开发可以根据需要选择具体的培训方式。

三、校长的培训与开发

（一）校长的角色

校长作为一个学校最重要的管理者之一，在学校事务中承担的主要角色有：第一，组织的管理者。校长首先是决策者，构建学校蓝图，统筹安排和处理重大事务；第二，学校的经营者。职业教育为经济建设服务，在实践过程中，要结合经济的观点进行对教育问题的审视和解释。把经济管理经验融入职业教育管理中，将二者的相关因素结合起来。但教育产业将具有自身的特殊性，需要因地制宜地运用经济管理，寻找适应教育特点的经营模式；第三，教学领导者。教学是学校的中心工作，意味着校长的大部分时间和精力用于教学领导；第四，人际关系的促进者。发展合作和谐的人际关系，营造民主和谐的学校氛围；第五，矛盾调解者。社会的、学校的各种冲突和矛盾的调解，这些冲突和矛盾有个体与个体之间的、组织与组织之间的。校长依法维护师生及其学校组织本身的利益；第六，变革代理人。无论是提高学校组织适应环境的能力，还是提高学校自身的效能，校长需要诊断学校组织变革，提出学校可持续发展的教育理念并使学校员工接受、认同。

正因为校长承担了众多角色，所以其在学校的管理决策与运行中的关键性作用不言而喻，因此，重视校长的培训与开发也就显得尤为突出。

（二）校长的培训与开发特点

1. 层次性

校长也是很普通的人，受生活背景和经验影响，有着自己的个性。而每位校长在存在共性的同时，个性存在也是必然的。校长的差异性，有着地区性的差异。尤其是不同区域的校长，会受当地文化的熏陶，形成个性差异。针对校长培训，要根据地区差异和校园差异，正视校长间的差异，保证每位校长都能获得自身的发展。

2. 针对性

校长培训需要坚持一切从实际出发的原则，因需而施，注重实际效用，将理论学习和实践研究结合起来。首先，校长的工作实际和培训的内容和方式相互协调一致；其次，校长培训相关信息和内容还要在学校教育改革和发展的实际情况相互契合。教师培训中进行培训内容的分类，将教学改革和发展的难点、重点问题进行专题设定；最后，组织培训人员进行问题分析和探究，找到适当的解决对策和方法。

3. 个性化

注重人的个性发展是现代教育改革的重要特征之一。对于高校校长的培训越来越受到很多国家的重视。社会上将学会认知、做事、共同工作和生活及个人发展这四个点看成为培训校长的基础目标。所谓学会认知，主要是在培训中，知识的获得方法和手段是促进培训知识掌握的重点，正确的知识获得方式，不仅能够帮助学习者领悟知识，而且可以延伸新的知识，开拓发展思路，更加全面地运用知识和信息。学会做事，主要是希望培训者可以将他们获得的知识付诸实践，利用实践检验所学知识，利用知识促进职业、创造能力的发展和工作效率的提高。学会共同工作和生活，主要是指培训者利用学习的知识，能够正确地认识自己、他人及社会，工作和生活都保持积极向上的态度，互相协作。培训的终极目标之一就是学会促进个人发展。人的发展是社会发展的目标之一，对于组织和社会有积极的促进作用。人是整个培训和开发的核心，也是管理工作的中心，因此，培训要注重人的发展，并且深信每个人存在和发展的价值。培训是通过这一手段使每个人都能够发现自己的优势，并且加强优势开发和利用。所以，培训中针对校长的个人和专业的发展更为关注和支持，并且将校长个性发展划入培训的目标和内容。要发展校长的个性，就需要支持校长学习，在学习中认识和发展自己。在校长培训中坚持给予校长学习的选择性，根据需求自主选择学习内容和方式，自主学习，全面发展。

（三）校长培训与开发的项目

1. 校长开发项目的类型

一是对教学过程进行评价和监控的教学技能；二是能够制订合理性的目标和有效的解决办法的管理技能；三是能够协调校内成员和校外成员关系的人际关系能力；四是能够对员工和家长进行领导的领导技能；五是能够解释领导性人物、解决校内外的冲突的政治和文化意识；六是根据公众对学校的评价，开发自我改进计划和自我能力得到提升的自我理解能力。

2. 校长开发项目

有两种类型的项目能满足校长的发展需求。第一种是传统方式，包括专题讨论会、会议和研讨班，这些方法往往围绕着某一单个主题进行，旨在传递特定问题的信息；第二种类型的项目强调技能获得，这些技能要么对校长的工作有帮助，要么对个人发展有帮助。强调有助于校长管理工作的开发项目包括编制预算、制订绩效目标、制订促进学校正常运转的程序；强调校长个人发展的项目包括与顾问团合作的技巧、口头和书面的沟通方法、压力管理或时间管理。

第六章
高校人力资源的薪酬管理

第一节　高校人力资源薪酬管理分析

工资管理体制是工资管理体系的制度化，它是一个包括管理决策体系、调节体系和组织体系的相互联系、相互作用的有机整体。工资管理决策体系是指工资管理权限的划分。即中央、地方和高校权限的划分。工资调节体系是指工资管理的调节机制，即工资管理的规章制度和方法。工资组织体系是指工资管理机构的设置和职能。

一、高校薪酬体系分析

（一）相对集权的高校教师薪酬管理体制

在这种体制下，公立高校教师属于国家公务员系列，高校教师执行国家公务员的工资及福利待遇，工资标准由国家法律统一规定，高校自主权较小。

（二）相对分权的高校教师薪酬管理体制

在这种体制下，国家不再统一决定教师的薪酬制度，由各地方政府或高校自行决定。但由于学校性质的不同，具体的决策模式也不同。

二、高校薪酬制度改革的建议

（一）增加政府的宏观调控功能，扩充投融资渠道，提高高校教师的待遇

我国高校要想在市场中抢夺人才，应该直面市场的实际要求，根据国家公务员工资标准来确定高校教师的工资收入，使得高校教师的薪酬趋向合理。

（二）依据"以人为本"的原则合理分配薪酬，提高高校的权利

1. 转变高校教师管理体系，提高高校在制度制定上的权利

目前我国高校属于独立的法人代表，必须拥有一定的权利建立能够适应发展的工资收入分配体系。高校可以按照本身的实际情况提出相应的建设性的指导意见，合理地分配国家财政拨款以及自筹经费，可以根据自身的特点提出能够和目前社会环境相适应的工资收入管理体系，从而能够极大地发挥出薪酬制度的激励作用。

2. 执行清晰的工资收入分配体系框架

我国高校在进一步的工资制度改革中，应着力调整工资收入分配体系的框架，尽量减少工资分配体系中的项目，使教师的收入能够具有工资化的特征，依据岗位、绩效等因素对工资结构进行全面彻底的调整，保证激励效果。

3. 改革现有的工资收入分配层次，建立改进的"三元"薪酬分配体系

"三元"薪酬分配体系，大体上涵盖了三大块：基本工资、职务津贴以及岗位奖金。其中基本收入主要以国家指定的政策中的职务（职级或者技术级别）工资为主，通常反映了工资收入的根本保障能力；职务补贴通常情况由两个部分组成，分别为技术职务补贴以及职务补贴，通常依据高校教师的技术水平以及管理水平来确定；岗位奖金按照高校教师职位的关键性以及工作水平制订，可以有效地体现出高校教师的主要业绩情况，从而能够极大地产生激励功能。

（三）根据教师的能力和绩效制订市场化的工资收入体系

1. 完善高校教师的工资收入

针对长时间在教学以及科研前沿劳动的专业教师，基本工资是保证教师基本生活的主要资金来源。在现有的薪酬层次中，级别之间的差距小，不能较好地体现高校优秀人才为学校作出的贡献。增加高校教师的工资水平、扩大等级间的差距，使更多高层次人才加入到高等教育事业中，有利于高校教师队伍的持续发展。

2. 建立健全激励体系

在高校进行工资收入分配改革的时候，应该充分地考虑到建立长效的激励机制。另外，应该引导高校教师在科研以及教学以外，更加重视高校办学效率的提升，进而能够使高校的教师有更大的归属感，起到长期激励作用。

3. 完善以岗位和绩效为基础的薪酬制度

高校教师的薪酬要以长期固定工资为主，首先要保证日常的基本生活。其次，由于市场经济正在不断深化，工资待遇可以体现出不同劳动者的价值，从而能够提高他们的主观

能动性。所以，必须坚持以市场为导向的教师工资制度的制定，使工资管理逐渐转变为以市场为规则的能够反映教师自身价值的"水平工资"和"业绩工资"。

4. 转变提升工资收入时只关注职称及职务的观念

提高绩效工资的比重，关注基于教师业绩的工资体系，应该按照高校教师的实际工作业绩评定教师的工资待遇，从而能够使高校教师的工资，特别是年轻教师的工资得到迅速地提高，帮助高校教师不断提高团队协作意识。将工资收入和教师的工作业绩联系起来，不断激励教师的工作积极性。

（四）高校教师的工资分配制度和人力资源管理制度一致

高校教师的工资收入分配制度革新能否见效，必须考虑相关制度是否健全，如果没有高校人力资源管理制度改革为前提，高校教师薪酬制度改革就会非常困难。在工资制度革新的初始阶段，应该同时考虑高校教师的工资收入改革和高校人力资源改革，并且分步实施，从而能够逐步地达到最终目标。此外，应该进行相应的人力资源管理制度的革新，比如，高校教师聘任方式、岗位安排、聘用手段、考核形式的革新应该提前执行，这样就能够极大地发挥出高校教师薪酬分配制度改革的作用。

第二节　高校人力资源薪酬体系设计

随着我国各行业改革的进一步深化，高校作为事业单位的一部分，面临着前所未有的机遇与挑战。一方面，高校面临着日渐激烈的制度创新压力、校际竞争压力和为社会提供更多服务的压力，管理制度必须不断改革创新；另一方面，随着高校收入分配制度改革的全面推进，学校在内部薪酬管理方面获得较大的"因地制宜"的自主权，可以按照市场变化自主调节校内收入和分配的格局，建立一定程度上的分配激励机制。但由于缺乏科学的分析和设计，也易产生高校间人员收入水平无序竞争和用人成本过速攀升。完善教师的薪酬激励机制，合理地提高教师的收入待遇，更好地兼顾效率与公平，成为当前构建和谐校园的一个重要课题。

一、设计符合市场经济发展、遵循价值规律、具有市场竞争力和内部公平性的高校薪酬体系，提高高校教师整体薪酬水平

高校薪酬体系的制订要遵循市场竞争和按劳分配的原则，结合人才市场的价格水平以及其他行业的综合情况，科学设定价格标准，使形成的薪酬方案具有简化和可操作性，以

此提高教师薪酬整体水平，尤其是核心人才的薪酬水平，增强教师基本薪酬的外部竞争力，体现教师职业不同于其他行业的特点，充分体现教师的社会价值和个人价值，使更多的优秀人才加入教育事业的行列，也可以激励更多的年轻教师安心在高校工作。

二、实现办学经费来源多元化

高校经费来源总体上形成多元化的格局，包括政府拨款(含科研基金和资助)、学费收入、企业研究合同与资助、私人捐赠及投资、教育性销售和服务收入、高校附属企业收入、教学医院收入以及学校独立经营性收入等。提高财政拨款数量还是有潜力的。

三、继续简化人员编制，提高人才使用效益

高校要提高薪酬水平，需重点建设两支队伍，一是教学科研队伍，要按照"控制总量、调整结构、转换机制、提高素质"的原则进行教师队伍的总量控制和结构调整，要保质保量；二是行政队伍。要按照"定机构、定职能、定编制、定岗位、定职责和上岗条件、定岗位津贴"的原则，进行了机构改革和党政管理人员竞争上岗；要精简，要专业化；其他人员实行社会化，使核心人才享有较高的薪酬。

四、健全高校薪酬的社会保障和福利机制

社会保障与福利制度是高校薪酬制度的重要组成部分。完善的社会保障和福利措施，不仅为教师提供了可靠的基本生活和发展的保障，而且是吸引人才和激励教师的重要机制。一般来说，教师社会保障和福利由两个方面构成：一是按照国家或地方政府法律规定的强制性社会保险和住房公积金待遇，属于延期分配范畴，应予以高度关注。强制性社会保险包括养老保险、失业保险和医疗保险等各种政策性保险，教师和单位都负有缴费的法定义务，所以国家应尽快完善高校的社会保障体系，让高校教师真正得到这份保障。住房公积金制度是住房制度改革后建立起来的福利制度。在缴存公积金时，应按比例上限、最大基数存储，让教师真正得到实惠；二是高校自主设立的补充保险，除寒暑假外，既包括涵盖家属和子女的补充医疗、养老、健康保险和进修与就学、产病假等内容，也包括对高层次人才提供的高级福利，如提供住房、汽车，教研设备、配备助手等。其中补充养老保险的运作方式主要是将教师与校方按一定比例配套缴纳的工资或经费，委托社会上具有信誉的基金会进行资金运作，使其增值，基金会提供各种投资计划供教师选择；补充医疗保险由学校与一些医疗机构合作，建立各种有特色的医疗计划，供教师选择；进修、就学和专业技能培训作为一种福利政策，也是吸引人才和激励教师的重要机制。尤其对于高校青年教师来说，由于存在着结婚、生育、住房等各方面的生活压力，对薪酬的期望值相对要高些。而且，由于刚走上工作岗位，工作压力非常大，他们的薪酬满意度内涵不仅仅是薪

酬，更多地倾向于个人的发展和前途，如是否有晋升、进修、申报项目等机会。因此，提高青年教师的薪酬满意度不仅要从薪酬本身入手，而且要考虑到对青年教师的职业生涯规划，为青年教师提供上升空间。

五、建立高校薪酬的延期分配制度

在知识经济时期，竞争更加激烈，风险和机遇并存，社会风险的广度和深度均在加深。人们的职业生涯规律和收入心理也随即发生了变化，其目标包括两个重心，即当前收入最大化与未来风险最小化。薪酬包括当期分配和延期分配，当期分配即年内支付的工资、奖金和红利，旨在补偿已经付出的劳动；延期分配则通过社会保险计划、员工福利计划和股权期权计划进行支付，旨在补偿风险损失。高校教师薪酬制度中的延期支付制度主要功能有两个：建立长期激励机制；建立社会风险分担机制，即教师福利和保障计划。

六、坚持客观公正、民主公开、注重实效的原则，建立科学的绩效考核评估体系

薪酬制度改革的关键是要准确地测量人力资源的绩效，并根据绩效、能力给付薪酬。能力一方面通过学历体现，另一方面通过绩效体现。在建立绩效评价体系时，一方面要将任务目标与绩效考核有机地结合起来，使考核有据可依；另一方面要使职能部门按照各自的职责范围，从不同的角度对考核进行动态管理，使考核具有过程性；还要使管理部门与各学院相互配合，由各学院直接对自己的教师进行绩效考核，使考核具有可操作性。如考虑到学术研究的特殊规律性，可将考核周期适当延长。具体来讲，对于聘期无法完成任务者，可缓发10%～30%的岗位津贴，直至其完成任务。而对于聘期延长后仍无明显突破者，学院或学校则有权予以降薪或提出解聘。同时，要区别对待不同人员。专业技术人员可定期进行岗位等级评审，如半年一次；对于教师、实验员、会计、图书馆馆员、医生等，尽管都是专业技术人员，但是他们的薪酬结构和水平应当有差异。对于职能管理人员，可设计"薪酬累加器"，即在影响岗位工资动态调整的因素中选择几种刚性的因素，建成薪酬"蓄水池"，在业绩考核结果之外，还包括重大奖惩、后续学历、新增职称和工龄等不易产生异议的刚性因素。把考核周期与延期支付结合起来，建立操作性强的弹性考核机制，既是对从事长线项目的教师给予支持，又可利用延期支付制度约束教师聘期动力不足的问题。

第三节 高校人力资源薪酬管理对策

薪酬作为重要的激励手段，在人力资源管理中具有重要地位。高校是人才培养、科学研究、社会服务的重要基地，其自身的人力资源建设关系到其职能和战略目标的实现。而人力资源是要激励的，高校人力资源也不例外。借鉴企业以及国外高校成功的经验，结合我国高校的实际，探索我国高校薪酬管理的改革之路，对于高校改革和发展具有重要意义，同时对于丰富薪酬管理的理论体系，开发薪酬管理的新领域也具有重要作用。

一、战略匹配原则

高校薪酬要和其战略相匹配，如果高校要建成世界一流大学，那就要吸引全球一流的人才，而要吸引一流的人才，就要拿出具有竞争力的薪酬。目前，我国高校正进入一个蓬勃发展的时期，各校都在考虑对自身进行新的定位，制订相应的发展战略规划，同时，根据战略规划制定薪酬制度。

二、竞争原则

薪酬的制订要考虑市场竞争，遵循竞争的原则。人才总是在追求自身价值得到最大程度的尊重和认可，富有竞争力的薪酬无疑对人才具有较大的吸引力。所以，好的薪酬策略一定是具有竞争力的。

除了高校之间的竞争，高校还面临着与社会其他行业竞争优秀人才的局面，这就要求高校要了解市场行情，对不同专业的人才根据市场行情和供给情况制订薪酬标准。

三、公平原则

公平原则就是要达到内部薪酬的公平。高校薪酬管理要解决好公平问题，首先要制订好绩效考核标准，并依此标准对全员进行绩效考评。当然，不同系列，不同岗位的职责不同，标准也会不同，关键是要有标准，而且是可考核的标准。在标准的高低与考核的尺度上各系列要相当，不能对一个系列较严，对另一个系列也要一视同仁。其次，公平不意味着平等，但要坚持人人平等。无论你是引进的人才，还是原有的人才，只要达到了相应的标准，你就可获得相应的薪酬。最后，对不同层次的人才给予不同水平的薪酬也是公平原则的体现。对于核心人才，就是要给予较高的薪酬，同时也赋予其较大的责任，并实施考核。

四、个性化原则

高校薪酬的个性化体现在三个方面：其一是各高校之间的个性化、差异化。由于战略目标、占有的资源、与环境的关系等方面的差异，决定高校薪酬不可能是千校一面；其二是高校内部薪酬的结构也应实行个性化设计，对不同系列、层次、岗位的人员根据其工作的性质和责任，实施不同的薪酬结构；其三是在福利方面可采用灵活的个性化的政策，提供菜单式的组合供选择。

五、简化的原则

薪酬制度制定的过程中要遵循简化原则，要让组织成员清楚地了解薪酬的结构、标准、兑现办法等，以便达到有效的激励作用。

第七章
高校人力资源的成本管理

第一节　高校人力资源成本管理的理论基础

高校是典型的人力资源密集的组织，它的人力资源包括教职工和学生。作为高校"经营"成果的载体——学生，最终将进入社会的各个组织，为这些组织未来创造收益服务。因而，高校的人力资源信息不仅为本单位教育投资效益分析提供必需的资料，而且向有关各方(包括国家主管部门、监督部门、学校管理部门、学生个人和家庭、学生毕业后的工作单位或继续接受教育的单位等)提供关于教育投资水平现状和教育投资运用情况的会计信息，满足有关各方的需要。充分重视、认识和了解在人力资源会计的进一步研究和推广工作中所存在的问题，使这些问题得到最终解决，将促进人力资源会计的理论研究和实践工作的深入开展。

一、高校人力资源成本管理的相关理论

人力资源会计理论、教育经济学理论等，是人力资源成本管理的相关理论。其中，人力资源会计理论是进行人力资源成本管理的最主要理论。

(一)人力资源会计的基本理论

1. 人力资源会计的含义

人力资源会计是在运用经济学、组织行为学原理的基础上，与人力资源管理学相互结合、相互渗透所形成的一类专门会计学科，是对组织的人力资源成本与价值进行计量和报告的一种程序和方法，是会计学科发展的一个全新领域。

2. 人力资源会计的假设

任何一门学科的建立，都有其基本前提，即基本假设。

会计假设是会计系统得以运行的前提条件，人力资源会计也需要相关假设作为基石。其假设前提有以下几点。

（1）主体资源假设

主体资源假设即假设人力资源，是会计主体所拥有和控制的资源。人力资源会计核算和控制的是组织内部这一空间范围内的人力资源，组织之外的人力资源不属于人力资源会计的核算对象。

（2）存续假设

存续假设即假设人力资源，在可预期的未来期间存续。这里包含两层意思：一是人力资源的载体在可预期的未来会计期间持续存在，不考虑以后的消亡；二是在可预期的未来，该人力资源始终存续在组织之内，为组织拥有和控制。

（3）可以计量假设

可以计量假设即假设人力资源的成本与价值，是可以计量的。这就构成了人力资源会计赖以存在的前提之一。同时，人力资源的成本与价值计量应该以货币计量为主，并辅以充分的非货币计量手段。

（4）管理影响假设

管理影响假设是指人力资源会计信息能够反映组织业绩和发展潜力，并促进管理进步。一方面，可以满足组织外部会计信息使用者对人力资源会计信息的需要，作为决策的依据；另一方面，使组织管理者认识到人力资源会计内在功能，推动人力资源会计的应用和完善，促进人力资源管理水平的提高。

3. 人力资源会计的作用

人力资源会计除了能为组织管理者、外部投资者、债权人、政府有关部门和公众提供有关企业人力资源变化的信息，满足各方面对这类信息的需要外，还有以下几个方面的作用。

（1）有利于国家进行宏观调控

通过人力资源会计提供的信息，政府机构可以了解整个社会的人力资源开发和利用的信息，政府机构可以对人力资源开发管理先进的企事业单位给予优惠政策，对不重视人力资源建设的企事业单位采取相应的指导措施。国家还能在宏观上控制人力资源的总量和结构，并促进人才的合理流动。

（2）有利于组织管理者进行合理的经营管理决策

人力资源会计所提供的信息，可以促使组织管理者重视人力资源投资，进行合理的人才资源经营管理决策，克服组织短期行为，使组织在激烈的市场竞争中生存和发展。

（3）有利于加强人力资源的管理

建立人力资源会计，既创造了一种珍惜爱护人才的良好氛围，激发员工的工作热情和活力，又促进员工自觉学习，提高自身素质，增强组织的核心竞争力。

（4）有利于保障劳动者的人力资源权益

人力资源权益的确立，使组织的员工能因其所拥有人力资源的所有权而享有与物质资本投资者一样的剩余索取权，从而改变了以前由物质资本投资者完全独占剩余索取权的不合理现象。劳动是价值创造的唯一源泉，劳动者应该依据自己所拥有的人力资源的所有权，而成为企业的所有者并得以与物质资本投资者共同分享利润。

4. 人力资源会计的分类

按照会计目标对会计信息的不同要求，人力资源会计可划分为人力资源财务会计和人力资源管理会计。其中人力资源财务会计包括人力资源成本会计和人力资源保障会计；人力资源管理会计包括人力资源价值会计、人力资源投资会计、人力资源供求预测和人力资源会计的职能。

5. 高校人力资源成本会计含义

在人力资源会计发展史上的第一阶段，就产生了人力资源成本的概念。在第二阶段，研究者们开发出了一些人力资源成本的计量模型，并在试点企业的会计实践中进行了人力资源成本的计量工作。以后，各国研究者对人力资源成本的计量模型也进行了许多改进工作。因此，人们普遍认为人力资源成本会计是比较成熟的一种人力资源会计模式。

（1）人力资源成本会计的概念

人力资源会计主要研究两个相互联系的成本类型：一是与取得和开发人力资源使用价值有关的人事管理的职能成本，如进行招募、选拔、雇用、安排和培训人力资源等人事管理活动的成本。这些活动的成本是取得和开发人力资产的成本的要素。人事管理活动职能的成本会计可称为"人事管理成本会计"，它是人力资源成本会计的必要前提；二是人力资源本身的成本，而不是指进行人事管理职能本身的成本会计。它包含计量不同等级人员的取得和开发的成本，可称为"人力资产会计"。上述两方面构成人力资源成本会计。

人力资源成本会计是组织为取得、开发、使用人力资源和为取得及开发替代者以替代组织特定的人力资源的载体所引起的成本的计量和报告。

人力资源成本应包括取得人力资产使用权，提高人力资产使用价值、维持人力资产使用价值、结束人力资产使用价值、保障人力资源投资形成人力资源成本。

（2）高校人力资源成本会计的含义

高校人力资源成本会计，是视人力资源为有价值的组织资源、以货币为主要计量单位，对高校人力资源的成本价值运动(包括人力资源的取得、开发、调配、使用等)进行连续、系统地反映和控制的一门科学。

关于高校人力资源成本会计的界定，需要强调以下几点。

第一，高校人力资源会计的核算内容，是高校的人力资源成本价值运动，即体现在教职工身上的人力资源价值运动。该人力资源必须是高校拥有的资源，人力资源的成本必须是人力资源为高校提供服务时所实现的。

第二，高校人力资源成本会计的核算方法有两种，一是成本法；二是价值法。鉴于高校人力资源预计能创造的未来价值受诸多因素影响，预计创造的价值不仅有直接的，而且更多地表现于间接效果。比如，教师创造的价值表现是对学生世界观、人生观、价值观等潜移默化的影响，使用价值法将会带来很强的主观性，因此更宜使用成本法。

第三，高校人力资源成本会计的目标，是要揭示关于高校人力资源的成本信息，进行人力资源的估价和投资效果分析、录用高质量的人才，确定人力投资的方向和规律，为高校更有效地利用和管理人力资源服务。

第四，高校人力资源成本会计，以货币为主要计量单位，计量高校的人力资源成本。但是，这样还不能完全准确地反映出人力资源价值运动的全貌。因为人力资源是一种特殊的经济资源，它虽然具有某些与物质资产相似的属性，但同时还有其他资源所不具备的属性，即主动性、易变性和适应性，往往难以把其数量化。因此，高校人力资源成本会计还应与其他学科(行为科学、系统科学)交叉渗透，兼容并蓄，研究运用非货币计量模式，进行辅助考核。

6. 高校人力资源投资会计含义

(1)高等人力资源投资会计的含义

人力资源投资会计，是对为了开发人力资源，提高人力资源使用效益而引起的各种人力资源投资的计量和报告。

人力资源投资的主体是国家、社会、企业、家庭和个人。因此，从理论上说，它们都可以成为人力资源投资会计的主体。

因为人力资源会计是对组织拥有或控制的人力资源的数据进行鉴别和计量，高校拥有或控制的人力资源的载体是学校的教职工，在高校里作为人力资源投资对象的学生，不是学校拥有或控制的人力资源。因此，严格地说，学校里学生人力资源变化的信息，不是高校人力资源会计核算的内容。但是，学生是学校教育活动的"加工产品"，学校是利用各方面的人力资源投资促成人力资本形成的主体，学校人力资源的价值运动最终将体现在学生身上。学校是介于学生、家庭和企业、社会之间的桥梁，通过它最容易获得来自各方的人力资源教育投资的综合数据。同时，学校财务部门具备了较完备的会计核算体制，便于进行人力资源教育投资的核算，确定大学生的人力资源培养成本，能够提供比较可靠的人力资源教育投资的信息。因此，在进行人力资源教育投资核算时，将高校作为人力资源投资会计核算的主体，无论从可行性还是从经济性上来说，都是一个较好的选择。

(2)人力资源教育投资的构成

人力资源教育投资主要由国家投资、社会投资、企业投资、家庭投资和个人投资等几个方面组成。

①国家投资

国家投资是指国家用于教育的财政支出，以及国家、地方财政分配给各产业、行政部门经费中用于教育的开支。学校要进行人力资源教育投资核算，就应将每个学生作为投资核算的对象，将国家的教育投资按受益情况分摊到每个学生头上，从而确定由于国家的教育投资而凝固在每个学生身上的那部分人才培养成本。

②社会投资

社会投资是指热心教育事业的个人或组织对教育事业的资助。对于学校来说，收到的这种资助也应直接或间接地记到受益者的明细账上。

③企业投资

企业的教育投资包括为使员工掌握必要的知识与技能，或提高企业的人力资源素质而进行的教育投资，这种教育投资已纳入人力资源开发成本进行核算。例如，企业为了吸引、储备人才，而在学校设立的奖学金；企业出于赞助公益事业或出于商业目的，而资助教育事业所进行的教育投资等。在学校进行人力资源教育投资会计核算时，企业的后两类教育投资都应分摊计入受益者的高校人才培养成本。

④家庭投资

家庭投资是指家庭在子女受教育期间所发生的与教育有关的费用支出。这种支出能促进人力资本的形成和积累，使受教育者在未来获取更高水平的收益。

由于家庭在子女的大学学习期间所发生的相关支出，对子女的人力资本的形成和积累所产生的作用有所不同，因此是否将所有的相关支出都认定为家庭的教育投资，或认定为家庭的教育投资时，如何进行适当的变通处理，是计量家庭教育投资时必须解决的问题。

⑤个人投资

个人投资是指作为人力资源载体的个人，对自身进行的有利于人力资本的形成和积累的教育投资。个人投资实际上是由于进行教育活动而产生的机会成本。

对于已达到劳动年龄的学生来说，机会成本是指因继续接受教育而放弃的在原有知识水平、能力经验基础上所能获取的货币收入。当学生在受教育期间因提供有偿服务（如参加勤工助学活动等）而获得收入时，则该学生实际放弃的收入，是他未直接参加工作所放弃的收入与他在校学习期间获得的兼职收入之差。

作为家庭和个人来说，在做出人力资源投资决策时，是要考虑机会成本的。例如，一位对其工作很满意的大学毕业生，在是否放弃现有工作而选择考研时，就要考虑机会成本问题。但是，正如人力资源成本会计核算中，对于人力资源开发成本、替代成本中的机会成本不出现在财务记录中一样，在高校人力资源投资会计核算中，机会成本也不应计入人力资源培养的实际成本之中。

（二）教育经济学中的教育成本管理理论

教育成本管理属于教育经济学的范畴。教育经济学形成于 20 世纪 60 年代，是研究教育与经济相互关系的新兴边缘学科。

教育成本管理理论主要包括教育投资、教育成本构成、教育成本核算、教育成本的预测与计划、教育成本的控制和评估、教育成本分担、教育成本投资决策等几个方面的内容。其中，教育成本构成与教育成本分担，是教育成本管理理论的重要内容。

二、高校人力资源成本管理的研究意义

（一）高校人力资源成本管理研究的理论意义

人力资源是社会经济发展中最重要、最活跃、最有活力的因素。在现代社会中，人力资源既是经济增长的决定性因素，也是可持续发展的决定性因素。高校的基本职能之一，是要为社会培养高质量的人力资源，这就要求高校首先要有合格的培养人力资源的人力资源。在其他社会资源一定的前提下，高校只有拥有高质量的人力资源，才能为社会培养出更多高质量的人才，才能为社会、为学校创造更高的经济效益和社会效益，使高校逐步提高水平和等级，从而更好地为经济建设服务。因此，利用人力资源，首先必须要对人力资源进行投资开发，只有把人的才能开发出来，才能充分发挥人力资源的作用。而高校一旦对人力资源进行投资开发，就形成了严格意义上的资本——人力资本。不断地追加投资来开发人力资源，必然使人力资源价值得到增值，使它能创造出比投资开发成本更大的价值。

（二）高校人力资源成本管理研究的现实意义

人力资源的调配、使用由国家统一安排，各个具体部门对人力资源的管理相对比较简单。随着市场经济的发展和人力资源的流动加快，劳务市场和人才市场也逐步建立与发展起来。现实对人力资源管理提出了更高的要求，人力资源会计正是为了促进对人力资源的管理而产生的。

高校人力资源会计作为人力资源会计的一个组成部分，其核算对象是高校人力资源的价值运动，必将为促进高校的人才管理发挥巨大的作用。具体而言，表现在以下几个方面。

第一，它将为高校科学管理人才提供客观依据。通过把人才作为高校的经济资源进行考评，使高校的财务指标体系更趋于全面客观，从而促进高校对人才管理的优化，提高教育投资的效率。

第二，利用高校人力资源成本信息，进行同类型学校之间的比较，可以找出差距，借鉴经验，正确评估各个学校的价值和成果。

第三，利用高校人力资源成本信息，进行历史数据比较，可以分析发展趋势，及时消除不利发展的因素。

第四，它将为其他行业进行人力资源成本管理提供借鉴。随着经济向前发展，人的因素在经济活动中的作用越来越重要，尤其是在某些组织更是如此。比如，高科技企业、金融机构和事务所，等等。在这些组织中，会计作为一种管理手段，将会在人力资源管理活动中大有作为，人力资源会计的生命力将在实践中体现出来。

第二节　高校人力资源成本的构成分析

一、高校人力资源成本的含义

（一）人力资源成本的定义

成本是指为取得预期的收益或达到特定目的，而在一定对象上所花费的货币性支出或代价。在这一概念中，涉及构成成本的四个要素：一是成本的负担者，即由谁付出代价或支付费用；二是成本归集的对象，即以什么为目标来归集付出的代价或支出的费用；三是成本发生的主体，即由谁或哪种行为引起的耗费；四是代价或费用本身。

将成本归集的对象确定为人力资源，即形成人力资源成本。明确人力资源成本的概念，是进行人力资源成本分类、计量以及提供人力资源财务报告的基础。

概括说来，人力资源成本是指为了获得组织的人力资源而发生的招聘、录用、教育、培训、使用、管理、福利等方面的费用或支出。人力资源成本包括人力资源的取得成本、开发成本、使用成本、保障成本和离职成本。

（二）高校人力资源的特点

高校人力资源，是将高校中人的因素资产化处理，是高校拥有、支配并使用的各种具有劳动能力和社会财富创造力的人员的总和。它包括高校中的各类教师、科研人员、行政人员、一般职工，等等。人力资源作为高校资源要素中的重要要素，是具体的、活生生的人，而人是有生命、有知识和创造力的一种复合体，因此，人力资源要素与其他要素相比，具有自身的特征。

具体来讲，人力资源有如下特征。

1. 资源的主导性

在高校的资源诸要素中，人力资源始终处于主导地位。这是因为在高校的教育活动中，人力资源是能动的资源，而其他资源则是被动的资源。自然资源、资本、信息等被开发和利用的程度，在很大程度上取决于人力资源的开发和利用程度。高校作为培养合格人才的主要阵地，培养人才的人力资源本身的各方面素质，直接决定着高校人才的培养质量。所以，高校要加强人力资源的开发和培养，加大人力资源的投入成本。

2. 价值的无限性

现代社会是知识经济社会，社会发展以智能型发展趋势为主。智能型劳动所创造的社会财富，其价值是体力型劳动无法比拟的。人的智能和体能，是人力资源价值的主要体现。人的智能与体能相比，经过开发后会释放出更大的能量，具有更大的创造力，其价值将无法估量。人力资源价值的无限性，要求高校在加大人力资源的投入成本时，要合理地配置人力资源，以求最大限度地发挥人力资源的作用。

3. 能量的潜在性

人的智能和体能，作为劳动能力客观地存在于人体之中，其存在形式主要有显能和潜能两种。就显能而言，是如何合理利用的问题；而对潜能而言，则需要不断地认识和开发。所以，合理利用和开发人力资源的显能和潜能是高校管理者的首要任务，也是高校降低人力资源成本的一条重要途径。

4. 利用的时效性

人力资源以自身的再生产作为存在方式，这种存在有一个生命周期，其开发和利用要受到这个生命周期的限制。人的智力和体力与这个周期存在着相关联系，一般随着年龄的增长呈现上升趋势，智力上升较慢，体力上升较快，而上升到一定程度转而下降。可见，人力资源的有效利用具有时效性，只能适时地开发和利用。这就要求高校要及时高效地利用所拥有的人力资源，以免造成人力资源浪费，人为地造成人力资源成本的提高。

（三）高校人力资源成本的概念

高校取得、开发、使用人力资源，要付出一定数量的成本和费用。这是因为人力资源既具有内在价值，又具有外在价值。人力资源价值是内在地蕴含于人体内的劳动能力，外在地表现为一个人在劳动中新创造出的价值。人的体力、技能和知识，是劳动力资源内在价值的体现。一个人内在的劳动能力的价值，是只能推测、判断而永远无法准确计量的。但是，它创造出来的外在价值是可以用货币来计量的。因此，可以将外在实现的价值作为衡量内在价值的一个依据。犹如商品的价值通过价格来表示一样，可以用新创造出价值的大小来衡量一个人内在的价值。人力资源新创造的价值中必然包含人力资源成本，投入到人力资源身上的成本最终要由人力资源自己创造出来。

人力资源成本具有质与量两个方面的含义。就其量的方面而言，是指支付给劳动力用以补偿其脑力劳动和体力劳动的消耗，维护人力资源的劳动能力，其实质是维持劳动力及其家属的生活资料的价值，姑且称之为补偿价值。通常表现为在劳动生产过程中投入的一定数量的劳动力而支付的工资或薪金、奖金、医疗、保险、福利费等方面的支出，可以将其作为人力资源成本的一部分；就其其质的方面而言，即为参与劳动生产过程的劳动力所具有的知识、技术、劳动熟练程度，及其他显现其能力而支付的重新取得、开发、教育、培训等方面的支出，即为使用劳动力所必备的教育和训练费用。这部分费用也应计入人力资源成本。除了上述这两部分人力资源成本外，人力资源新创造的价值中还包括另外转化为利润的价值，姑且称之为转化价值，它是指劳动力资源给高校和社会带来的经济效益和社会效益。

高校人力资源成本主要是指高校为了获得开发、管理和维护人力资源而发生的招聘、录用、教育、培训、医疗、保险、工资、福利、使用、管理等方面的费用或支出的总和。

（四）高校人力资源成本的分类

高校人力资源成本依据人力资源成本与组织的关系、人力资源投资的主体、人力资源成本与职工的相关性，可分为若干类别，如职工人力资源成本和学生培养成本、社会成本和个人成本、直接成本和间接成本等。

1. 职工人力资源成本和学生培养成本

职工人力资源成本是指高校为取得、开发、使用、保全自身拥有的人力资源使用价值而付出的代价。这些代价包括高校已支付的实际成本和应承担的损失成本。学生培养成本是指高校为培养学生所耗费的教育资源的价值。

2. 社会成本和个人成本

社会成本是指国家或社会为培养人力资源，提高人力资源质量而支付的全部费用。个人成本是指职工和学生个人为接受教育或培训而支付的全部费用，以及因接受教育或培训而放弃的工作收入。

3. 直接成本和间接成本

直接成本是指实际发生的费用，如招聘费用、培训费用等。间接成本则指以时间、数量和质量等形式反映出来的成本，如因政策失误、工作业绩低下而造成的损失等。对于高校来说，间接成本虽然难以用货币来准确衡量，但它的意义和影响往往会高于直接成本。

二、高校职工人力资源成本的构成分析

人力资源具体的成本范围，按历史成本计价原则，伴随高校人力资源的取得、拥有、使用、开发和管理等实际发生的支出，构成人力资源的成本，主要表现为人才引进、教育智力投资、人力资源管理支出。具体包括人力资源取得成本、开发成本、使用成本和保障成本。

（一）人力资源取得成本

人力资源取得成本是高校在招募和录取职工的过程中发生的成本，包括在招募和录取职工的过程中，招募、选拔、录用和安置所发生的费用。

1. 招聘费

即招聘活动中的费用，包括招聘广告费、差旅费、招聘工作人员的工资和奖金、招聘活动日常办公费及其他支出。

2. 选考费

在招聘活动中应聘者出现后，从中选拔、考核合适人选过程中的支出。比如，答辩费、考试费、身份调查费等。

3. 安排费

指录用后调配安排到有关岗位过程中的费用。例如，到任差旅费、一次性人才补贴费、特殊待遇支出、临时生活费等。

（二）人力资源开发成本

人力资源开发成本是高校为提高校工的技能，为增加人力资产的价值而发生的成本，包括正规的学校教育培训费。

正规的学校教育培训费是指为了使职工获得一个岗位的工作技能及必备知识而进行的教育培训活动的支出。比如，教师的报酬、图书资料费、教材费、学费、交通费、所用教学设备折旧费、组织管理人员工资、水电费、劳动者培训期间的工资、奖金及福利费等，同样也可把应接受耽误工作造成的损失计入在内。正规的学校教育培训费是最典型的人力资源成本。

（三）人力资源使用成本

人力资源使用成本是高校在使用职工的过程中发生的成本，包括使用费、组织活动费、人力资源管理费等。

1. 使用费

指利用人力资源从事劳动，为补偿或恢复其体力、脑力消耗而直接或间接支付的费用。比如，工资或薪金、奖金、福利费（包括医疗、保险、子弟学校、托儿所、住宅、食堂、浴室等福利设施支出）、慰问金、抚恤金等。

2. 组织活动费

指劳动者劳动或工作组织维持、运转的有关费用。比如，会议费、办公费、对外联系费（电话费、信件邮资费等）、节假日活动、招待费等。

3. 人力资源管理费

指高校人事管理部门在识人、选人、育人、用人和留人过程中所发生的除上述费用以外的相关费用，包括高校人事管理部门人员的工资、福利、医疗、保险、人力资源管理活动中的激励等费用。

（四）人力资源保障成本

人力资源保障成本，是保障人力资源在暂时或长期丧失使用价值时的生存权而必须支付的费用，包括劳动事故保障、健康保障、退休养老保障等费用。

1. 劳动事故保障费

是高校承担的职工因工伤事故应给予的经济补偿费用，包括工伤职工的工资、医疗费、残废补贴、丧葬费、遗属补贴等。

2. 健康保障费

是高校承担的职工因工作以外的原因（如疾病、伤害、生育、死亡等）而引起的健康欠佳，不能坚持工作而需给予的经济补偿费用，包括医药费、缺勤工资、产假工资及补贴、丧葬费等。

3. 退休养老保障费

是社会、高校及职工个人承担的保证退休人员老有所养和酬谢辛勤劳动而应给予的退休金和其他费用，包括养老金、养老医疗保险金、死亡丧葬补贴、遗属补偿金等。

三、高校学生培养成本分析

（一）高校学生培养成本书的意义

高校人力资源教育投资的对象是在校学生，高校人力资源投资会计，就是要提供通过高校对在校学生的教育投资所引起的有关人力资源变化的信息，也就是提供高校教育投资的投入和产出的信息。但是，由于学校只是一个培养人的组织，培养出的学生价值必须在社会实践中经过检验，才能得到体现和认可。因此，学校要提供产出的信息，就必须依靠社会各用人单位反馈信息，并根据这些信息对人力资源投资活动进行分析评价。但是，要评价整个社会的教育投资的效益，也离不开学校提供的对学生的教育投资的信息。

高校学生的人才培养成本，是学校绩效评估的重要组成内容，将不同学校的同类人才的培养成本进行横向对比，可以找出差距，发现存在的问题；将同一学校的同样专业的大学生的培养成本进行纵向比较，可以分析高校人才培养成本的发展变化趋势，消除各种可控制的不利于提高资金利用效率的因素。学生培养成本是高校培养人才业绩评估的一部分。将人才培养成本指标与同类型高校及先进水平比较，可以找出差距，借鉴经验。将人才培养成本指标进行历史比较，可以分析历史发展趋势，消除可控制的不利于提高资金使用效率的因素。计量人才培养成本可以为确定成本补偿程度提供客观依据，如确定对外提供教学服务的收费标准，确定高校内部各部门提供服务的"转移价格"。

（二）高校学生培养成本的概念

高校学生培养成本是指高校在教育活动中为培养高级专门人才即学生所耗费的物质劳动和活劳动的价值总和，并且这些资源的价值是那些可以用货币计量的价值。它包括广义和狭义两种含义。

广义的高校学生培养成本是指培养一名合格人才，国家、家庭和社会所耗费的全部费用，包括有形成本和无形成本。有形成本是可以用货币计量和表现的耗费。它又可分为社会成本（即国家和社会直接承担的教育费用）和个人成本（指学生家庭负担的教育费用，包括学生在校期间交纳的学杂费、住宿费和必要的生活费用等项开支）。无形成本是指学生由于把时间用于求学而引起的机会成本。

狭义的高校学生培养成本是指高校培养每个学生所耗费的全部费用。它目前主要由以下五个部分组成。

第一，传授知识消耗的劳动报酬。比如，教职工的基本工资、补助工资、其他工资部分、职工福利费、社会保障费支出等。

第二，学生助学金（包括学生奖贷学金、勤工助学基金、困难学生补助）、物价补贴、医疗费用等。

第三，传授知识所应具备的物质技术条件消耗费用。比如，实验器具、图书资料、教学仪器设备等的消耗。

第四，教学和行政管理费用。包括办公费、实习费、水电费、取暖费、差旅费、行政仪器设备费、校园卫生绿化费等。

第五，其他费用。指除上述耗费以外的其他开支。比如，外籍专家费、外事活动费、学生活动费等。

（三）高校学生培养成本的构成

高校学生培养成本由直接成本、间接成本和机会成本构成。

1. 直接成本

高校学生人才培养的直接成本是指学生在接受高等教育期间实际发生的有助于人力资本形成和积累并可直接归属于特定的某位学生的有关费用支出。它包括正规教育支出（学生每年交付的学费、住宿费、教材及资料费）、个人的其他自主性教育支出及非教育性支出三部分。

（1）正规教育支出

这部分支出是每年定期一次性支付，或按学期支付的。它对人力资本的形成和积累所产生的作用是在该学年或该学期的学习期间内逐渐产生的。但是，因为在高校人力资源投资会计中并没有对学生的人力资本变化的数据进行计量，而只是在归集和分配学生的人才培养成本，因此，不存在将这笔支出在该学年或该学期的学习期间内平均分摊，并按月计入人力资源培养成本中的问题。

（2）自主性教育支出

它是指学生为提高自身素质而接受各种课外辅导、参加各种培训及各种资格考试时所发生的费用支出。这部分支出也应与正规教育支出一样，在其促进人力资本形成和积累的期间内，计入学生的人力资源培养成本。

（3）非教育性支出

非教育性支出，也称为维持性支出，可具体分为生产性支出和消费性支出两部分。生产性支出是为维持人的正常生理机能而发生的支出。消费性支出是指用于娱乐、旅游、医疗、保健等方面的支出。

2. 间接成本

高校人才培养的间接成本是指学生在接受高等教育期间，以学校教育事业经费支出的方式所支付的，并需确定受益者然后在受益者之间按受益情况进行分摊才可归属于特定的某位学生的费用支出。

在计算和分摊间接成本时，应注意以下几个方面。

第一，学校教育经费的来源中有一部分是以学生所交学费和住宿费的方式获得的事业收入，这部分收入所形成的教育支出已通过学生个人的培养成本账户计入了他的人力资源培养成本之中，因此，计算间接成本时，必须扣除相应数额后才能避免出现重复计算的情况。

第二，教育事业费支出的助学金、奖学金，也已通过学生个人的直接成本账户，而计入该学生的人力资源培养成本之中。因此，不需再次在间接成本中加以反映。

第三，教育事业费支出中的离退休人员费用属社会保障费用，与学生人力资本的形成和积累无关，因此，也不应列入间接成本进行核算。

第四，教育事业费的各项支出类别不同，应首先确定有关支出的受益者群体，然后按一定的分摊标准（比如，某学生本学期所修学分数占受益者群体本学期所修学分总数的比例），将该项支出在受益者之间进行分摊，或在受益者群体中进行均摊。

3. 机会成本

机会成本作为人力资源教育投资中个人投资的组成部分，在前面已经提过。在这里，只需对机会成本的确定做一个说明。对于一个大学一年级学生来说，他的月机会成本就是当年刚参加工作的高中毕业生的月平均收入。而大学二年级学生的月机会成本，则是工龄为两年的高中毕业生的月平均收入。一年级硕士研究生的月机会成本，就是当年刚参加工作的大学毕业生的月平均收入。

机会成本在进行高校人才培养成本分析时，是应该考虑的一个项目。但是，它不在财务记录中反映出来。

第三节　高校人力资源成本的计量研究

一、高校人力资源成本计量模型

高校人力资源成本计量模型，主要包括一般人力资源历史成本的计量模型、替代人力资源成本的计量模型及修正的人力资源历史成本计量模型三种。

（一）一般人力资源历史成本的计量模型

专门计量和提供有关人力资源成本的信息，有助于对人力资源在管理过程中的取得、开发、分配、补偿、保护、使用等方面进行计划和控制，是人力资源会计的原始出发点。它不受对外报告惯例、公认会计原则、会计恒等式等的约束，仅作为财务会计系统的一个附加部分而得到发展并提出报告，正如目前处理某些成本会计信息那样。因此，在这里，人力资源历史成本会计首先是作为管理会计信息系统中的一个组成部分而成立的。其包括以下三个方面：

①自然的或原始的成本项目。比如，招募人员的薪金、差旅费、招聘广告费、培训学费等；②特定人事管理职能的成本。比如，招募、选拔、培训等成本；③人力资源管理职能的成本，包括取得和开发成本。

为了计算人力资源历史成本和应用上述模型，在总分类账户中的"一般和管理费用"账户下，开设明细或辅助分类账户，记录按自然费用分类的各种人力资源成本，然后总括为"取得成本"和"开发成本"两个人力资源管理成本账户，再把这些成本分配到不同组别人员的投资账户中去。注意，这里只是应用会计的账户方法调整人力资源成本，并不影响原财务会计程序的正常进行。

（二）替代人力资源成本的计量模型

替代成本包括职务替代成本和个人替代成本双重概念。前者是指用一个在既定的职务上提供一组同等服务的人来替代该职务上的人员而现在必须招致的牺牲。这指的是替代既定职务的任何任职者所能提供的一组服务的成本。后者指的是用一个能够提供一组同等服务的人来替代目前雇用的人而现在必须招致的牺牲。此时，若按实际成本原则计价，只需在替代者的取得成本、开发成本基础上，加上被替代者的遣散补偿成本即为替代成本。如果还考虑机会成本的因素，则应另外计量遣散前业绩差别成本和空职成本。计算替代成本，一方面，是因为人力资源替代成本变动会经常发生；另一方面，还有助于做出是否换人、是开发还是取得的决策。

（三）修正的人力资源历史成本会计计量模型

所谓修正的人力资源历史成本会计计量模型，是指在遵守公认的会计原则的前提下，将人力资源成本的会计信息通过传统财务会计程序变通提取，即增设一些相应的会计科目，并经账务处理完成。

具体的账务处理如下：①发生人力资源的各项成本时，不再计入"教育事业支出"账户，而是计入"人力资产"或"取得成本""开发成本"，或按各费用项目设置的账户，贷记"现金""应付工资"等账户；②将取得成本、开发成本按个人别、组织别进行分配时，借记"管理者A""职工甲""第一部门"等账户，贷记"人力资产"或"取得成本""开发成本"等按各费用项目设置的账户，也可将个人别、组织别作为"人力资产"等的明细账处理；③将人力资源成本计入当期费用时，借记"人力资源费用"账户，贷个人别、职工别设置的账户或"人力资产"账户；④对于工资、奖金等每期发生的使用成本，可直接费用化，也可先借记"人力资产"等账户，贷记"应付工资"等账户。对于职工退休金支出，可采用预估预提的方法资产化处理，预估某职工退职退休金总额后，借记"人力资产"等账户，贷记"应付退职退休金准备"账户；⑤当职工被解雇、因故死亡或丧失劳动能力时，将"人力资产"未摊完的成本作为非常损失转销，借记"人力资产损失"账户，贷记"人力资产"等账户。

为保持人力资源的完整价值，可比照固定资产折旧的方法，设一个备抵账户"人力资产摊销"账户。

二、高校职工人力资源成本的计量方法

人力资源成本项目的内容确认之后，就要选择一定的计量基础和计量方法，将人力资源成本加以数量化。

人力资源成本的计量方法主要有如下几种。

（一）原始成本法

原始成本法亦即实际成本法，是以取得、开发、使用人力资源时发生的实际支出计量人力资源成本的方法。它反映了高校对人力资源的原始投资。其优点是取得的数据比较客

观，具有可验证性，相对而言，较易为人们所理解和接受。但是，采用原始成本作为计量基础也存在不足之处：①人力资源的实际价值可能大于其原始成本，即人力资源的实际价值大于其账面价值；②人力资源的增值和摊销与人力资源的实际能力增减无直接关系；③根据会计报表上的人力资源价值进行分析，其结论与高校人力资源的实际价值会产生差异。

采用原始成本法，高校可以直接通过财务账簿的会计记录获取人力资源成本信息。

（二）现实重置成本法

现实重置成本法，是以在当前物价条件下重新录用达到现有职工水平的全体人员所需的全部支出为高校人力资源的资产值。它反映了高校于当前市场条件下在现有人员上所凝结的全部投资。但是，采用现实重置成本作为计量基础也有一些缺陷：①脱离了传统会计模式，难以为人们所接受；②增加了工作量，因为每一时期都需要对全部人员进行估算，这种增加的工作量能否从增加的信息中得到补偿则毫无把握；③对重置成本的估算不可避免地带有很强的主观性。因此，该方法主要适用于对高校人力资源的预测和决策，一般不用于对人力资产的账簿核算。当然，对于首次进行人力资源核算的高校，或高校新建时，无偿从其他组织调入的人员，可以采用重置成本的方法，将这种人力资源登记入账。

（三）机会成本法

机会成本法是以职工离职或离岗，使单位因该岗位空缺所蒙受的经济损失作为人力资源损失费用的计量依据。这种方法的优点是，机会成本更近似于人力资源的经济价值，便于正确估价人力资源的成本，而且数据比较容易获得。但是，这种方法也有其缺陷，即脱离传统会计模式，核算工作量也较大。如果这种方法与原始成本法结合起来，用于人力资源的账簿核算，效果会比较好。

三、高校学生培养成本的计量方法

（一）直接成本的计量方法

1. 正规教育支出的计量

前面提到，正规教育支出包括学生每年交付的学费、住宿费和教材及资料费。这些数据可以通过每个学生实际交纳的金额直接获取。

2. 自主性教育支出和非教育性支出

自主性教育支出特别是非教育性支出的数据难以收集。要解决这个问题，可以采用校园一卡通或调查问卷的方式。校园内的消费支出由校园一卡通的消费记录取得，校园外的消费支出通过调查问卷的结果取得。当获取了各种支出的性质及有关支出数额的资料后，就可以对这些数据进行处理，确定相应的高校人才培养的直接成本。

要注意到，这里对高校人才培养的直接成本的确定，是从支出的角度出发，通过收集学生在校内外支出的所有信息，并对其进行整理、分析，确定这些支出的类型，然后直接计入或按确定的标准计入人才培养的直接成本。这些支出可能来自家庭的资助，也可能来自学生个人获得的助学金、奖学金、贷学金和勤工俭学的收入等渠道。因此，在采用这种方法确定人才培养的直接成本时，应将学生获得的助学金、奖学金、贷学金和勤工俭学的收入等，从人才培养的直接成本中剔除，避免出现重复计算的情况。

（二）间接成本的计量

在高校事业活动中，可以计入学生人力资源培养成本的支出项目，主要有教学支出、科研支出、业务辅助支出、行政管理支出、后勤支出、学生事务支出等，它们构成高校人才培养的间接成本。间接成本必须在确定受益者及其受益情况后根据一定的方法，在受益者之间进行分配。由于各项间接成本的类别不同，分配方式、标准也不尽一致。

1. 教学支出

教学支出是指高校为培养本专科生、硕士和博士研究生、函授和夜大生、外国留学生等各类能获得国家承认学历的学生而发生的各类费用开支。在这里，要考虑的是将教学人员的工资分配计入学生的人才培养成本的问题。直接从事教学和教学辅助工作人员的工资，应按分配率分配到授课班级的每个学生。如果授课对象层次存在差异，如既承担了本科生的教学工作，又承担了指导研究生的工作，则在确定分配率时应制定一定的调整系数。

指导实习、指导毕业论文等工作，应折算为每人每时后参与核算。在这里，没有将教师在假期里的工资收入列入分配的范围。

对于身兼数职的领导人员，应将他的工资在教学和行政管理之间，按一定比例进行分配，再将分配在教学方面的工资，按上面所确定的方法进行分配。分配在行政管理部分的工资，则参照后面行政管理支出的计量方法处理。

利用设备购置费购置的各种教学设备，可参考企业对固定资产提取折旧的方法，将其购置成本分期计入受益人员的人力资源培养成本。

设备购置费中的图书购置费比较特殊，因为不可能对图书计提折旧，在考虑到各年的图书购置费相对稳定的情况下，可以将图书购置费全额计入在校学生的人力资源培养成本。如果考虑到学校图书馆也为教师提供服务，那么可以按一定比例，将图书购置费计入在校学生的人力资源培养成本。将图书经费分配计入在校学生的人才培养成本时，也可以根据不同层次、不同年级的学生确定不同的分配系数。当然，为便利起见，在这种差异并不是很明显时，也可以不予以考虑。

2. 科研支出

带领学生进行科研项目研究的科研人员的有关工资，应计入相关学生的培养成本。

3. 业务辅助支出

业务辅助支出是指高校图书馆、计算中心、测试中心、网络管理中心、电教中心等教学科研辅助部门，为支持教学、科研而发生的各类费用开支。该支出中与教学有关的那部分应计入人力资源培养成本，与科研有关的部分则不计入。这样得到与教学有关的业务辅助支出后，有的还要在各系、所之间进行分配，然后再分配到各系、所全体学生。如图书馆发生的各类费用开支，就可按各系、所学生到图书馆借阅图书、查阅资料等活动的人次数分配到各系、所，再分配到该系、所的全体学生。有的则按一定的分配率直接分配到受益者，如计算中心、测试中心发生的各类费用开支按有关单据(如计票、测试单)所计工作量分配到有关学生，电教中心发生的各类费用开支按课时数分配到有关学生。

4. 行政管理支出

行政管理支出是指高校行政部门为完成所承担的行政管理任务而发生的各类支出。在这里，先要将行政管理支出中与教学有关的部分分离出来，然后分配到学生。如果是行政部门与教学有关的支出，应分配到全校学生；如果是系、所行政部门与教学有关的支出，应分配到全系、所的学生。

5. 后勤支出

后勤支出是指高校后勤部门为完成所承担的后勤保障任务而发生的各类费用支出。分配方法同业务辅助支出类似。

6. 学生事务支出

学生事务支出是指高校在教学业务以外，直接用于学生事务的各类费用开支。具体包括学生物价补贴、学生医疗费、学费减免、贷学金减免、学生活动费等。这些项目按照具体辨认原则，能具体认定到个人的，应直接计入该特定学生的人力资源培养成本；不能直接认定的(如学生活动费)，则依支出所属主体归入各个系、所的人力资源培养成本进行核算。

7. 教职工福利保障支出

教职工福利保障支出部分，应计入学生培养成本的数额，按相关人员工资计入学生培养成本的比例确定。

第四节　高校人力资源成本的计划与控制

一、高校人力资源成本计划的基本要求

高校的主要任务是培养人才。因此，高校人力资源配置应该与人才培养的数量和质量紧密结合。数量指标包括师生比、报考生源与录取学生比、投资各类项目的投入产出比等。人才培养质量包括培养人才的合格率。如毕业生是否受到社会的欢迎、社会对毕业生是否有良好的反馈评价等，都是重要指标，而且由于质量与学科建设分不开，学科或专业的发展前途、近年来取得的工作成就、科研水平、教师的学术水平也应该成为学校人力资源成本配置的重要参考依据。只有坚持成本的效益分析，才能改变低效率资源配置的状况。

（一）成本计划应体现学校的办学方向和办学目标

学校的办学方向和办学目标，实际上既体现学校全体教职员工对学校发展的意愿，又体现了党和国家、各级政府及社会对学校办学的要求。学校的教学、科研等各项活动，都要在党的教育方针的指引下，在各级政府的宏观指导下，在社会的需求激发下形成决策。因此，办学目标也受到外部环境的影响，目标的变动必然带来各项活动的变动，也就会要求成本计划和使用管理作相应的变化。

（二）成本计划应讲求学校办学效益的整体优化

从系统学的角度看，追求结构最佳、效果最优是系统的特点。学校的成本运行一样可以组成成本运行系统，这个系统同样追求整体的优化效果。实行校长领导下的经济责任制和成本计划管理，是目前实现成本管理结构优化的要求。系统的最优并不是要求每个元素达到最优，而是要求每个元素互相协作，其整体效果达到最优。如果对学校成本计划不清，也就谈不上各部门的互相协作，更不可能有整体的优化。尤其在现阶段，成本计划管理水平直接影响着教育事业的发展。在经费紧张的情况下，学校在进行经济决策之前，必须先考虑资金存量，再根据资金的多少制订教育规划，合理分配教育资源。

（三）成本计划要体现重点，强化激励机制

教育成本计划最重要的是人力资源成本和物质资源成本两部分。学校的基础设施及各种教学设备、仪器，构成了教育活动的基本物质条件；师资队伍则是教育活动的主要承担

者，二者构成了关系学校生存与发展的重要的物质资源与人力资源，二者的地位不能失之偏颇。

教师是学校生存与发展的保证，提高师资质量比改进校舍设备和各种教学手段现代化更为重要。因此，把人力资源成本作为教育投资的一个重点，做好成本计划工作，把降低人员经费与做好校内分配制度结合起来，切实提高教师的工资水平，调动广大教职员工的工作热情。为此，高校要建立公开、公平的竞争和激励机制，以岗位目标任务为引导，以贡献、知识、技术水平作为重要的分配要素，按照市场经济的规律和知识分子的劳动特点，建立一种合理的人事制度和工资分配制度。

二、高校人力资源成本计划的内容及编制步骤

(一)高校人力资源成本计划的内容

高校人力资源成本计划的内容，应该既能适应高等教育事业发展的需要，又能满足高校人力资源成本管理的要求。高校人力资源成本计划，一般包括职工人力资源成本计划和学生培养成本计划。

1. 职工人力资源成本计划

职工人力资源成本计划由人力资源的取得成本计划、开发成本计划、使用成本计划和保障成本计划构成。职工人力资源成本计划以职工计划人数为依据，分别按照职工类别(教师、教辅人员、行政人员、后勤人员和离退休人员)和成本项目进行编制，反映在计划期内的人力资源总成本水平和单位成本水平，还应反映与上期相比的成本降低额和降低率。

2. 学生培养成本计划

学生培养成本计划有两种形式。

(1)按学生类型编制

以学生类型即本专科生、研究生为对象，按照院系、专业编制成本计划，反映计划总成本和生均成本，还反映与上期相比的成本降低额和降低率。

(2)按成本项目编制

以成本项目为对象，按照院系、专业分别编制直接成本计划和间接成本计划，反映计划期间内直接总成本和间接总成本及成本降低额和降低率。

(二)高校人力资源成本计划的编制步骤

编制人力资源成本计划可分为以下几个步骤进行。

1. 收集和整理资料

广泛收集资料并进行归纳整理，是编制成本计划的首要步骤。所要收集和整理的资料

主要包括以下几点：①人力资源成本预测的资料；②人事部门的人力资源规划和教务管理部门、研究生管理部门的计划招生资料；③现有职工、学生资料；④计划期内预计减少职工资料、预计毕业学生资料；⑤上年成本计划执行情况和成本升降原因的分析资料、成本核算资料；⑥国内其他高校人力资源成本水平。

为了编制好人力资源成本计划，还必须深入细致地进行一些调查研究工作，了解成本升降的有利和不利因素，研究如何克服不利因素和降低成本的具体措施，为编制人力资源成本计划提供有用的信息资料。

2. 对成本降低指标进行分析

首先对上年成本计划完成情况进行分析，然后根据学校确定的目标成本，结合计划期内各种因素的变化和准备采取的各种措施，进行测算、修订、平衡后，编制人力资源成本计划，以保证成本计划的先进性和合理性。

3. 编制正式的人力资源成本计划

如果上述两个步骤的工作均能达到要求，最后确定的成本计划指标即可作为编制成本计划的依据。编制出的成本计划经学校批准后，可以正式执行。

三、高校人力资源成本控制的内容和环节

（一）人力资源成本控制的内容

人力资源成本的控制是根据成本计划提出的方案，对人力资源的取得成本、开发成本、使用成本、保障成本和日常人事管理成本，以及在培养学生的教育活动中所发生的各种成本数额和效用进行掌握、调节的过程。

从人力资源成本控制的定义可以看出，人力资源成本控制的内容包括人力资源的取得成本控制、开发成本控制、使用成本控制、保障成本控制和学生培养成本控制等。

（二）人力资源成本控制的环节

人力资源成本控制包括前馈控制、运行控制和反馈控制三个环节。

1. 成本前馈控制

前馈控制也称成本计划控制，即科学地制订目标成本计划，力求对运行结果实行目标管理。要进行成本控制，就必须建立成本标准，因此，在成本管理中，第一步就是编制成本计划。成本计划的对象不仅是资金，而且包括人、财、物等诸方面。成本计划建立在科学预测的基础上，即根据学校的办学目标和实际条件及相关历史资料，用科学的方法对可能降低成本的项目、内容和力度，以及投入项目的成本水平进行预测，为编制成本计划提供依据。

2. 成本运行控制

成本运行控制是指对高校教育活动的整个运行过程中发生的成本实行严格的控制。为使过程控制有效，首先，将成本控制的标准分解到各部门、各岗位和各个阶段、各个环节，让部门领导和教职工都明确其意义，并使成本管理与他们的利益挂钩，从而激励大家自觉采取措施，积极主动地去控制成本。其次，建立有效的监督体系和信息沟通渠道，能及时准确地发现和了解各阶段人力资源成本运行进程中的偏差，并采取有效措施予以纠正。

3. 成本反馈控制

成本反馈控制是每个计划期结束后，编制成本控制情况的报告，对各部门成本预算执行情况进行评价和考核。部门成本控制报告中应列明"实际成本""计划成本"和"差异率"。如果发现负差异额或差异率较大，应分析并找出差异产生的原因和责任归属，寻求有效解决问题的办法。纠正偏差的办法通常有两种：一种是通过改变目标来纠正偏差；另一种是通过适当改变投入的数量和质量，以及人、财、物、信息和系统结构等，提高系统控制力，使输出尽早满足目标成本的要求。

成本控制是一项系统工程，成本前馈控制、成本运行控制、成本反馈控制，是成本控制的三个环节。三者既相互独立，又是一个有机整体。此外，要使系统充分发挥其最佳功能，还必须注意提高各有关人员的业务素质，通过对各类管理人员进行培训，全面提高他们理财、管财、用财的能力。只有这样，才可能有效地控制每一个成本运行环节，有效地降低人力资源成本支出，减少教育资源浪费，提高资源使用效率和办学效益。

四、高校人力资源成本控制的方法和手段

（一）人头费控制

要发挥高校经费的最大效用，首先应发挥人的效率。在现实情况下，就是要进行学校人事制度改革，努力使教师、学生、干部、职工之间的比例合理化。改革的重点是"三定"（定机构、定岗位、定编制）和推进聘任制。为此，必须做到：①精简机构和压缩编制；②创造竞争、流动的用人机制，推行全员聘任制，允许教师流动；③对富余人员，通过转岗分流妥善安置。

（二）资金控制

1. 资金支出要有明确标准

由于成本支出一旦支出就不可挽回，只有事先提出合理的成本限额，使有关的人员在限额内花钱，才能有效地控制支出。例如，因公出差人员的差旅费标准、会议费标准等。

2. 建立严格的支出审批制度

在会计核算工作中，处理任何一项经济业务，都必须有一定的凭证作为依据。在成本计划内的，审批可简化；在成本计划外的，审批必须严格。没有凭证就不能任意收付款项、动用资产，也不能进行会计核算。

3. 通过校内支票进行控制

校内支票是学校通过发行内部货币形式，对流动资金和费用成本进行控制的一种手段。学校根据成本计划中心规定的各项费用支出指标，向各部门发放校内支票。各部门按计划凭支票领取工资和其他支出费用。月末或期末结算，确定各部门执行成本计划的情况。

4. 通过校内资金结算中心进行控制

凡是校内各核算单位之间发生的经济业务往来，采用资金结算中心结算凭证的形式，在校内资金结算中心按照内部结算价格进行计价结算。它既是一种内部结算制度，又是对校内成本和资金管理活动进行的一种管理制度。

在校内资金结算中心按核算单位开立账户，校内资金结算中心统一印发内部资金结算中心支票，核定资金定额。各部门每月的用款，经校内资金结算中心审核后方能支用，一般不准超支。如因特殊情况而超支，则要提出追加计划，报批后方能使用。校内资金结算中心有权审查各项收付款项是否合法，如违反制度或资金不足，则有权拒付。成本支出和成本计划之间的差异，就可以通过比较及时反馈出来。这样就能及时进行控制，在指标范围以内，就同意支付；超过指标，则停止支付。

（三）物质资源的控制

高校应建立物业管理中心，对整个学校的国有资产包括房产、设备、土地等资源进行统筹管理。在物质资源利用效率的问题上，一是要充分利用旧有的物质资源，如实验仪器、图书、实验室等。例如，延长图书馆对外开放时间，对外开放图书馆、实验室；有些实验室和大型贵重设备，可试行院际、校际合作统一管理，也可实行租赁制，收取一定的费用等，努力推进学校后勤工作社会化；二是及时更新旧的物质资源，注意整个物质资源内部及物质资源与教学相配套，克服各实验室小而全的现象。例如，对长期闲置的房屋、仪器设备进行重新配置等。

（四）制度控制

制度是学校领导针对管理工作和各项具体操作的要求，用文字形式制定出来的具体规定，是各级教职工进行工作的规范。如财务管理制度、会计核算制度、成本费用管理制度、责任中心考核制度、奖励制度等。这些制度有的规定成本开支的标准，有的规定费用支出的审批手续，对成本能起到直接控制作用；有的对成本控制责任的落实以及奖惩办法做了明确的规定，可以促使成本控制系统长期有效地发挥作用。

第五节　高校人力资源投资的成本收益研究

一、高校人力资源投资的概念及收益特性

（一）高校人力资源投资的概念

人力资源投资是指在发展教育事业、培养和培育各层次后备力量和专门人才，以及提高现有劳动者的技能、拓宽其知识面中，需要投入的人力、物力和财力的总和。其中，投入的实体主要以货币的形式表现出来。人力资源投资包括学校教育投资和在职教育投资。学校教育投资主要用于培养未来合格的劳动者，提高各类学校学生的能力、素质、知识存量。在职教育投资是面向在职的劳动者，用以提高从业人员的工作技能。

这里所说的高校教育投资，应包括学校教育投资中的高等教育部分和在职教育投资中的高校对其教职员工投资的部分。高校教育投资的结果就是产生相应的教育收益，进一步说，包括两种收益，即经济收益与非经济收益。前者指的是外在表现出来的教育收益，是指教育投资决策方案实施过程中或过程后，高校办学储备经费的增加，各部门办公条件与环境的改善，教职员工福利与教学质量的提高，实验室设备更新换代与科研成果层出不穷等。后者是指非直接的、短期内表现的教育收益，包括决策施行过程中或之后产生的学校地位的上升与影响的扩大，教职员工心理稳定性、业务能力的增强与工作热情的高涨，学生知识结构和能力结构的完善、社会适应性的得以强化，以及进入实际工作后对社会和经济发展所起的积极作用、贡献等。所以，通过高效率地使用学校现有的办学资金，进行教育投入，实现上述目标，是人力资源投资中的关键环节。

（二）高校人力资源投资收益特性

人力资源投资可以视为用于培养人的劳动能力的投资，用来开发人的潜在能力，并在之后创造新价值源泉的智力投资。因此，它具有自身的特点。

1. 长周期性

高校人力资源投资的最终目的只有一个，就是提高人才培养的数量和质量。改善管理体制和机制、提高教职员工的学历和学术水平、提升学校的声誉和知名度，等等，归根到底，都是为了培养更多更好地适应社会需要的高层次人才。如果教学质量低下，任何投资效益均无从谈起。而学校教育对人的培养、教育效果的实现需要较长的时间，这就使得高

校人力资源投资也必然具有长周期性的特点。

2. 超前性

学校的发展应该是一个动态的过程，需要根据教育市场的变化而对学校办学方针、途径做相应的调整，在办学过程中要对所需要的条件做超前筹备，这里主要是指对教学设备的准备、高层次人才的储备、教师师资的超前培养等。因此，高校必须有超前意识，并做超前的教育投资，以满足学校未来发展的需要。

3. 社会性

投资项目收益的社会性，在高校中表现得更为明显。当然，它也可能产生一定的经济收益，或直接的或间接的。这种社会性的投资效益既可能是显性的，也可能是隐性的；既可能对高校自身的发展产生很大的促进作用，也可能对高校学生的知识、能力结构的完善、全面发展有很大的帮助，继而使整个社会受益，促进经济建设、科技进步和社会发展。因此，高校人力资源投资产生的收益的社会性，集中体现在对人才的培养、教职工素质的提高，并改变了他们劳动能力的性质和形态，即主要从社会的角度着眼。

4. 时效性

随着经济发展、技术水平的不断提高，知识更新的速度会越来越快。对于高技术的需求变化会导致人力资本的老化和废弃。因此，教育形成的资本存在时效性。只有通过终身教育，也就是不断进行教育投资，才能保证人力资本的完整性。

二、高校人力资源投资的成本收益分析方法研究

对于高校人力资源投资，也要像其他投资一样，进行投资的经济收益分析评价，特别是对人力资源招聘、培训等方面的投资收益率进行估算和分析评价。

（一）高校人力资源投资成本收益分析的程序和基础

1. 成本收益分析的一般程序

对于高校人力资源投资成本收益分析评价的一般程序，包括以下四个步骤：①准确估算其投资方案的现金流出量；②确定资本成本的一般水平；③确定投资方案的收入现值；④通过收入现值和所需投资支出比较，评价投资效益。

在这个程序中，对投资项目的现金流量进行准确分析，是人力资源投资收益分析的基础工作。

2. 投资的现金流量确定

所谓现金流量，是指一项投资引起的高校的现金支出和现金收入的增加数量。现金流量包括现金的流出量、流入量和现金净流量三部分。一个项目现金的流出量是指对项目的

投入，现金流入量是指该项目的产出，二者之差则为现金净流量。

在确定与投资方案相关的现金流量时，应遵循的基本原则是现金流量与项目的相关性原则，不能高估或低估收入与成本。

所谓相关性原则，是指只有那些由于采纳某个项目引起的现金支出增加额，才是与该项目相关的现金流出；只有那些由于采纳某个项目引起的现金流入增加额，才是与该项目相关的现金流入。

在进行相关性判断时，要注意以下四点。

第一，区分相关成本与非相关成本。相关成本是指与特定投资决策相关的，在分析评价时必须加以考虑的成本。而与特定投资决策无关的，在分析评价时不必加以考虑的成本是非相关成本。

第二，不要忽视机会成本。在投资方案选择时，如果选择了一个投资方案，而必须放弃其他投资方案的机会，其他投资机会可能取得的收益就是实行本投资方案的一种代价，即这项投资的机会成本。如用于高校人力资源投资的资金，也可以用于教学设备的增加或用于其他投资。一般来说，高校通常把这笔投资用于其他投资的期望最低报酬率，作为对于职工进行培训投资的机会成本。

第三，要考虑投资方案对其他部门的影响。人力资源投资方案，有时会对其他部门产生影响。如对新员工进行培训时，要从教学或行政部门抽调培训者，或者让新员工到基地进行实习等，都会对教学部门产生影响。在考虑人力资源投资的效益时，对此应加以考虑。

第四，对净营运资金的影响。高校人力资源投资方案，有时也会对高校净营运资金产生影响，在分析人力资源投资收益时，对此也应加以考虑。

（二）人力资源投资成本收益分析的一般方法

投资收益在数量上等于投资额与产出额的现值之间的差额。由于货币的投入和投资项目的产出有时间差异，因此，在评价投资收益时，要考虑货币的时间价值，用投资和收益的现值进行分析。

其分析的主要方法有五种。

1. 净现值法

净现值法是用净现值作为评价方案优劣的指标。所谓净现值，是指投资方案未来现金流入的现值和未来现金流出的现值之间的差额。

按照这种方法，所有未来现金流入、流出都要按预定的贴现率折算成现值，然后再计算差额。

净现值法的适用性很广，其主要问题是如何确定贴现率。有两种方法可供选择：第一种方法是根据资金成本法来确定，主要用银行存款利率或贷款利率为依据；第二种方法是根据资金的机会成本来确定。

2. 现值指数法

现值指数是未来现金流入现值与现金流出现值的比率。现值指数法是用来预测投资成本和投资收益的比率，以确定投资收益的方法。

3. 内含报酬率法

所谓内含报酬率，是指能够使未来现金流入量现值，等于未来现金流出量现值的贴现率，或者说，是使投资方案净现值为零的贴现率、内含报酬率所计算出的，是方案本身的投资报酬率。

内含报酬率的计算，通常用逐步逼进来计算。首先估计一个贴现率，用它来计算投资方案的净现值。如果净现值为正，说明投资方案本身的报酬率超过估计的贴现率，应提高贴现率后进一步测试；如果净现值为负数，说明投资方案本身报酬率低于估计的贴现率，应降低贴现率后再进一步测试。

这样经过几次反复，寻找出使净现值接近于零的贴现率，即为内含报酬率。使用内含报酬率法，可根据内含报酬率排定独立投资方案的优先次序，并根据资金成本率或最低报酬率，判断方案是否可行。

4. 投资回收期法

投资回收期是指投资引起的现金流入量与投资额相等所需要的时间，计算时不考虑贴现值，即不考虑货币时间价值。投资回收期法是测算投资回收时间的方法。

回收期的计算方法简便，并且易为决策人所正确理解。但是，由于忽略了货币时间价值，对投资回收期长的投资方案分析的误差较大。

5. 会计收益法

会计收益法是通过计算每年原始投资净收益，或几年的平均净收益来分析投资效益的方法。

从绝对数值分析，一般当会计净收益额大于 0 时，投资才有收益；从相对比率分析，一般当收益率大于投资的资金成本率时，投资才有收益。

通过对上述分析方法进行比较，会计收益法更适合高校。

三、高校人力资源成本收益分析的应用研究

根据高校人力资源投资的范围，可以将人力资源投资归为两类。一类是人员招聘、在职培训等学校投资；另一类是个人教育投资。下面从人员招聘、在职培训、个人教育投资三个方面说明高校人力资源投资的成本收益分析方法。

（一）人员招聘的成本收益分析

人员招聘可以有多种方法。例如，排除法、比较法、档案分析法、印象评价法、扮演

评价法、考试法、关键事件法等。不同方法的应用会导致学校人员招聘过程中产生不同的投资收益。如果采用有效方法，会使学校招聘到最佳人选，并在将来受益；如果不能采用有效方法，不仅不能使学校招聘到适用的人员，损失了招聘费用，而且会使学校在将来得不到预想的经济收益和非经济收益。因此，需要进行学校人员招聘投资收益分析。

常用分析方法是会计收益法，即预测通过招聘能为学校带来的总收益与人员招聘总支出的差额，计算投资净收益，进行投资收益分析的方法。其计算公式如下。

$$预测招聘净收益＝预测招聘总收益－人员招聘总支出$$

1. 预测招聘总收益的计算公式

由于招聘方法影响公式中预测招聘总收益的取值，在计算预测招聘净收益时，应该考虑不同招聘方法的影响。在考虑招聘方法时，应该将预测招聘总收益划分为若干因素，如实际招聘人数、招聘过程的有效性、应聘后实际工作绩效的差别、被录用者在招聘过程中的平均测试成绩等。

2. 人员招聘总支出的计算公式

人员招聘总支出，一般可以根据历史成本记录进行计算。为了便于对不同时期被招聘人员的取得成本进行比较，应该掌握实际录用人员的人均取得成本以及全部申请人员的人均成本的资料。因此，人员招聘总支出可以分解为申请人数、实际招聘人数、录取过程的人均成本等因素。

（二）在职培训的成本收益分析

在职培训是学校人力资源投资的重要方面，其投资一般由学校承担，有时职工本人也负担一部分。

在职培训的收益，从理论上讲，是学校和职工个人共同受益。职工个人从在职培训中得到的收益是工作技能提高。而技能的增长成为职工个人能力的一部分。学校的收益是职工技能提高后，可以提高工作效率或教学科研质量，提高了竞争力和影响力。

高校分析在职培训的投资收益时，主要考虑职工在职培训给学校带来的经济收益和非经济收益。

目前，在对职工在职培训经济收益的分析评估中，有两种方法是比较成熟的，即直接计算法和间接计算法。

1. 直接计算法

这种方法是对职工接受培训后的效果直接观察并加以评价。即把相同岗位上的接受培训的职工和没有接受培训的职工的工作效率进行比较，或将职工接受培训前后的工作效率进行比较，可直接估算出培训的经济效果。这是一种简单的计算方法，它不考虑投资的回收期限、投资的货币时间价值等。

2. 间接计算方法

经验公式法是一种对组织在职培训收益的间接计算方法。所谓经验公式法，是一种通过对职工在职培训有关指标的计算，研究投资收益的方法。间接计算方法的种类很多，其总的思路是首先找出影响在职培训收益的因素，然后根据这些指标的相互关系计算投资收益。

（三）个人教育投资的成本收益分析

1. 个人教育投资的成本分析

个人进行人力资源投资的决策，在很大程度上受到投资费用水平的影响。对投资者来说，教育投资的成本包括三个部分。

（1）直接成本

包括学费、书费、住宿费、交通费，其他比不投资高出的任何费用（包括额外的服装费、生活费，但日常生活费则不应该计入成本，因为这部分费用不因为接受教育而发生变化）。同时，在个人发生的教育费用中，奖学金和其他任何形式的助学金必须从私人成本中扣除，因为它代表一种转移支付。

（2）机会成本

即一个人因上学而放弃的劳动收入，如果一个人不选择上学的话，他可以进入劳动市场而取得报酬。实践证明，影响人力资源投资的最大原因是机会成本。

（3）利息成本

指因以上人力资源投资而放弃的利息收入。因为人力资源投资收益（特别是经济收入）的获得，往往需要一段时间后才能得到补偿，在此期间将产生利息损失。如发生通货膨胀，利息成本就更高。

2. 个人教育投资的边际成本递增

个人教育投资成本递增的原因有三个方面：一是在现有教育体制中，各国一般都实行初等教育的国民义务教育制，由国家承担所发生的主要教育成本，但高等教育的大部分成本由个人投资者承担，这一特征使得随着教育年限的增加，个人投资者承担的直接成本大幅度增加；二是随着教育年限的增加，年龄也增加，受教育者在智力、体力上越来越满足劳动和工作要求，取得更高报酬的机会也递增。所以，教育投资的机会成本也迅速上升；三是随着直接成本和机会成本的递增，利息成本也随之递增。

3. 个人教育投资的收益分析

人力资源投资收益，是影响个人人力资源投资的又一重要因素。个人教育投资包括非经济收益和经济收益两个方面：第一，非经济收益。包括由于接受了教育而对健康、闲暇质量、儿童健康和教育发展，以及做出更好的消费选择的能力等方面的正面影响。教育还能改善受教育者的心理健康水平，为受教育者提供精神收益，即为学习而学习的纯粹精神享受。拥有学位还可以提高声望，建立良好的社会地位。第二，经济收益。是指教育将得到更高的劳动力市场收入，包括四个方面：①多受教育者将得到更高的收入；②多受教育者更容易在劳动力市场上找到条件更为优越的工作，并且在经济不景气、面临被解雇时，处于更为有利的地位；③接受一定程度教育而取得进一步深造的机会的价值；④"套头交易"。指新技术的交易需要劳动者掌握新技术和新知识，而接受较多教育的劳动者往往更容易适应环境变化，并在技术革新中获利。

4. 个人教育投资的收益率递减

个人教育投资的收益率递减，主要有三种原因：①人力资源投资满足边际收益递减规律；②人力资源投资的投资收益率递减与边际教育成本的快速上升有关；③人力资源投资的投资收益率递减，还与人力资源投资的收益期长短有关。在一定的预期土地寿命水平上，人的工作年限是一定的。因接受教育而花费的时间与用于工作的时间在这一相对固定的工作年限中互为消长。一个人用于接受教育的时间越长，用于工作的时间就越短，即在增加人力资源投资的同时，能够用于收回人力资源投资的时间就越短。并且，随着教育年限的提高，劳动者单位时间的机会成本也越高，即一个大学毕业生进一步深造的机会成本高于高中毕业生上大学的机会成本。

第六节　高校人力资源成本管理实施对策建议

一、高校人力资源成本管理实施原则

人力资源成本管理的目的是，通过成本管理的各种手段，不断降低不合理的成本消耗，提高成本投入的社会效益和经济效益。人力资源成本管理的任务，就是在一定的客观条件下，分析寻找降低成本的各种因素，制订可能实现的最低目标成本，并以此为依据，进行有效的控制和管理，使实际执行结果达到最低目标成本的要求。

进行人力资源成本管理，必须遵循以下基本原则。

（一）以人为本原则

高校人力资源成本管理，必须坚持以人为本的原则。提高办学效益的关键在人，人的意识、人的观念、人的责任心、人的素质、各级干部的管理水平等，都是构成高校成本管理的重要组成部分。

（二）效益优先原则

成本的投入应向高回报率的项目倾斜。成本配置不能不考虑历史参数，但更重要的是，要看它现在是否仍然具有投资价值，是否有良好的投资效益。

（三）发展优先原则

对一个学校来说，维持和发展都很重要，维持是生存之必需，发展则是维持的基础，二者缺一不可。但面对有限的教育资源，首要的是突出发展，以发展求生存是一种主动的生存方式。学校的教育质量、学科建设是学校发展的关键，是学校生存和发展的希望所在，应该优先考虑加大对这些关系学校发展前途的重要方面的投入，只有学校发展了，生存问题才能解决。

（四）最大效益原则

高校人力资源成本管理的目的就是要不断降低教育成本，培养出更多满足社会需要的人才，力求以最少的投入获得最大的经济效益和社会效益，使单位成本获得最大效益。因此，在成本计划时，不能盲目投入，在操作上应使成本投入向综合效益高的项目倾斜，并且以最少的人力、物力、财力完成较多的管理工作，不断提高工作效率，在减少管理人员和管理费用的情况下，出色地完成成本管理的任务。

（五）全面管理原则

全面管理原则是指全校、全员、全过程的管理。全校管理指成本管理的全面性，即从校级到各院、系、各部门，以及后勤服务的各个环节都要实行成本管理，计算成本的收支。全员管理指成本管理的群众性，即从校长到每一个教职工，所有的教职员工都要参与成本管理，注意每个环节的消耗。全过程管理指成本管理的完整性，即从招生、专业和课程设置、师资培训、学生毕业以及科研项目的确定等，都要进行成本管理，讲求经济效果，通过预测、计划、控制、核算、分析、考核等方法进行所费与所得的比较。

二、高校人力资源成本管理实施条件

（一）以权责发生制作为会计核算基础

高校现行的会计核算基础，是收付实现制。它是以实际收付的资金为标准的，以实际收到和实际付出的货币资金的时间来划期，确定本期收入和支出的一种方法。收付实现制简单易行，在会计期末不需要调整应计项目和递延项目，但是，这样不能正确反映各期的事业计划执行情况和期末的财务状况。

权责发生制以权责关系的实际发生及其影响期间为基础，确认收入和费用。凡应属于本期的收入和费用，不论其款项是否已支付，均应作为本期收入和费用处理。权责发生制的原则主要是从时间上确定会计确认的基础，其核心是根据权责关系的实际发生和影响期间，确认单位的收入和费用。根据权责发生制进行收入和成本费用的核算，能够正确地衡量各会计期的经营业绩和财务状况。权责发生制是进行成本核算的基础。实行权责发生制，有利于正确计量高校人力资源成本。

（二）全面准确地计算固定资产折旧费用

现行的事业单位会计制度，包括高校会计制度，存在的问题之一就是缺少对固定资产折旧的核算和反映。这也是非营利组织不能进行准确的成本和费用核算的原因之一。

固定资产支出属于资本性支出，不能将当年的固定资产建造和购置费用全部计入当年成本，而应该采用折旧的方法，将当年消耗的固定资产价值计入当年成本。对不同的固定资产，需要确定不同的折旧年限。还要注意将科研、后勤等方面使用的固定资产与学校培养、教育和管理学生使用的固定资产区别开来，科研用固定资产的折旧费用不宜全部计入人力资源成本，要研究如何核算和分摊固定资产折旧费用的方法。

三、高校人力资源成本管理实施条件

（一）人力资源规划是做好高校人力资源成本管理工作的基础

1. 高校人力资源规划工作的重要性

对于高校来说，要把引进、开发、利用人力资源工作摆在首要位置。高校要在保证人力资源质量的前提下，以降低人力资源成本为目标，充分重视人力资源的开发和利用，注重教职工的能力开发、综合素质开发，重视智力投资，合理配置人力资源，增强激励效能，提高管理水平。高校只有拥有一定数量的高质量人力资源，才能达到传播科技知识、培养专门人才、开展科研活动的目的，才能为国家建设作出更多的贡献。

因此，高校必须做好人力资源规划工作。人力资源成本中一项最大的支出就是工资支出，而工资总额在很大程度上又取决于学校内部人力资源的分布状况，即处于不同职务、职称或不同级别的职工的数量构成。通过人力资源规划，预测组织员工数量变化和结构变化，并做出相应的调整，进而把人力资源成本维持在相对合理的水平线内，无疑是促进高校可持续发展的不可或缺的部分。

2. 人事部门在人力资源规划工作中扮演重要角色

高校人事部门应该向现代人力资源管理职能进行转变，根据学校不同时期的发展状况进行人力资源规划，使人力资源与高校的发展要求相适应，把对职工的管理提高到战略决策的地位。

高校的人力资源规划与人力资源成本管理密切相关。高校人事部门要根据学校各类人员的实际需求做好补充更新规划、晋升规划、培训开发规划和工资规划，以便于财务部门根据人力资源规划测算相关的人力资源成本。

（二）建立人力资源成本控制系统

高校通过建立人力资源成本控制系统，使实际成本不超过预定成本限额，从而实现降低成本，提高经济效益，不断提高人力资源成本管理水平。人力资源成本控制系统，包括组织系统、信息系统、考核制度和奖励制度等内容。

1. 组织系统

成本控制系统必须与教育组织机构相适应，即成本预算是由若干分级的小预算组成的。每个小预算代表一个分部，院系专业或年级等其他单位的财务计划，与此有关的成本控制，如记录实际数据、提出控制报告，也都是分小单位进行的。这就是所谓"责任预算"和"责任会计"，按学校的组织结构合理划分责任中心，明确由其控制的行动范围，是进行成本控制的必要前提。

2. 信息系统

成本控制系统的另一组成部分是信息系统，也就是责任会计系统。责任会计系统是学校会计系统的一部分，负责计量、传送和报告成本控制使用的信息。责任会计系统主要包括编制责任预算、核算预算的执行情况、分析评价和报告业绩三个部分。

通常，学校分别编制成本和财务等预算。这种预算主要按院系等单位情况落实学校的总体计划。为了进行控制，必须分别考查各个执行单位的业绩，这就要求按责任中心重编预算，按责任中心落实学校的总体计划。这项工作被称为责任预算，其目的是使各责任中心的管理人员明确其应负的责任和应控制的事项。

在实际工作开始之前，责任预算和其他控制标准要下达给有关人员，控制自己的活动。对实际发生的成本、占用的资金，以及取得的收入和收益等，要按责任中心汇集和分类。为此，需要在各明细账设置时考虑责任中心分类的需要，并与预算的口径一致。在进行核算时，为了减少责任的转嫁，分配共同费用时，应按责任归属选择合理的分配方法。各单位之间相互提供劳务或物资，要拟定适当的内部转移价格，以利于单独考核各自的业绩报告预算的执行情况。

在预算期末要编制业绩报告，比较预算和实际的差异，分析差异的产生原因和责任归属。此外，要实行例外报告制度，对预算中未规定的事项和超过预算限额的事项，要及时向适当的管理级别报告，以便及时做出决策。

3. 考核制度

考核制度是控制系统发挥作用的重要因素，主要内容有以下几点：①规定代表责任中心目标的一般尺度。它因责任中心的类别而异，可能是可控成本（包括人员经费、公用经费、业务经费）、投资收益率、设备利用率等；②规定责任中心目标尺度的唯一解释方法；③规定业绩考核标准的计算方法。例如，成本如何分摊、相互提供服务和产品使用的内部转移价格，使用历史成本还是重置成本计量等，都应做出明确规定；④规定采用的预算标准。例如，使用固定预算还是弹性预算，是宽松的预算还是严格的预算，编制预算时使用的各种常数是多少等；⑤规定业绩报告的内容、时间和详细程度等。

4. 奖励制度

奖励制度是维持控制系统长期有效运行的重要因素。人的工作努力程度受业绩评价和奖励办法的影响。奖励有货币奖励和非货币奖励两种形式，如提升、加薪、表扬、奖金等。惩罚也会影响工作努力程度，是一种负奖励。

规定明确的奖励办法，让被考核单位明确业绩与奖励之间的关系，知道什么样的业绩规格会得到什么样的奖励。恰当的奖励制度将引导人们去约束自己的行为，尽可能争取好的成绩。奖励制度是调动人们努力工作，以求实现高校总目标的有力手段。

（三）推行生均成本核算体系

1. 生均成本核算是实行人才助学金制到缴费制转换的基础

大力发展教育规模，不断提高教育质量，努力使高等教育机构容纳更多的来自社会各界的受教育者，使各阶层的人都能受到平等教育的权利，获得均等发展的机会，成为高等教育发展的主流。而对于高等教育缴费制度下明确规定需缴的各种费用数额，应该有一个科学的分析和定位依据。我国现行的高等教育虽然没有将培养的学生作为一种商品，但就学生的收费多少，应依据其培养成本的大小和按照教育成本的一定比例合理收费分担。

2. 生均成本核算是改革现核算体系的重要目标

总的来说，进行高校人才成本核算，是为了促进资金使用效率的提高，优化资源配置，为企业推行人力资源会计提供核算基础和可资借鉴的经验。具体目的有以下几点。

（1）计划和预算

国家对事业单位实行核定收支、定额或定向补助、超支不补、结余留用的预算管理方法。定额标准如何确定，怎样才算合理，要依据一定的客观及科学的标准。核算人力成本，无疑为制订计划和预算提供了一个标准。

（2）控制

在执行预算过程中，需要一种尺度衡量实际操作执行情况与预算的差异，以采取恰当的措施，或者修正预算，或者改进工作。

（3）评价

人才成本可用于高校培养人才业绩评估的一部分。将人才成本指标与同类型高校及先进水平比较，可以找出差距，借鉴经验；将人才成本进行历史比较，可以分析历史发展趋势，消除可控制的不利于提高资金使用效率的因素。

（4）定价

核算人才成本可以为确定成本补偿程度提供客观依据。如确定对外提供教学服务的收费标准，确定高校内部各部门提供服务的"转移价格"。

3. 教育成本的核算对象

根据高校的特点，应分别按照各专业、类别、层次的学生作为成本核算对象，编制成本计算单，全面反映各专业、各层次学生平均教育成本和教育总成本。高校成本核算对象，按专业性质划分为理工、农医、文史、艺术、财经、师范等；按培养学生层次划分为博士、硕士、学士（本科生）、专科生，等等。划分成本核算对象，有利于教育成本的归集和分配，以便于准确地计算各级各类学生的培养成本。通过以上论述，达到对高校建立生均成本核算体系的初步认识。

参考文献

［1］赵继新，魏秀丽，郑强国．人力资源管理［M］．北京：北京交通大学出版社，2020．

［2］黄铮．一本书读懂人力资源管理［M］．北京：中国经济出版社，2020．

［3］王文军．人力资源培训与开发［M］．长春：吉林科学技术出版社，2020．

［4］杨丽君，陈佳．人力资源管理实践教程［M］．北京：北京理工大学出版社，2020．

［5］曹锋，赵秀荣．人力资源高手实战笔记［M］．北京：中国友谊出版公司，2020．

［6］杨宗岳，吴明春．人力资源管理必备制度与表格典范［M］．北京：企业管理出版社，2020．

［7］温晶媛，李娟，周苑．人力资源管理及企业创新研究［M］．长春：吉林人民出版社，2020．

［8］巴杰．软件可靠性分配与人力资源调度方法［M］．北京：中国宇航出版社，2020．

［9］叶云霞．高校人力资源管理与服务研究［M］．长春：吉林大学出版社，2020．

［10］张绍泽．人力资源管理六大模块实操全案［M］．中国铁道出版社，2020．

［11］马小平．高校人力资源管理发展与创新［M］．吉林出版集团股份有限公司，2018．

［12］董彦霞．高校人力资源与行政改革研究［M］．北京/西安：世界图书出版公司，2018．

［13］曹喜平，刘建军．高等教育视域下高校人力资源管理研究［M］．石家庄：河北人民出版社，2018．

［14］唐杰．人力资源管理理论在高校学生管理中的应用研究［M］．成都：电子科技大学出版社，2018．

［15］彭剑锋．人力资源管理概论 第3版［M］．上海：复旦大学出版社，2018．

［16］陆丹晨．高校图书馆管理的创新性研究［M］．石家庄：河北人民出版社，2018．

［17］卿涛，郭志刚．21世纪高等院校人力资源管理精品教材 薪酬管理 第3版［M］．沈阳：东北财经大学出版社，2018．

［18］郑幸子．高校图书馆管理与服务创新［M］．长春：吉林大学出版社，2018．

［19］陈丝璐．论集体主义导向人力资源管理的作用路径［M］．武汉：华中师范大学出版社，2018．

[20]侯其锋，乔继玉. 人力资源和社会保障政策法规解读及案例讲解 2018 版[M]. 北京：国家行政学院出版社，2018.

[21]刘燕，曹会勇. 人力资源管理[M]. 北京：北京理工大学出版社，2019.

[22]李青. 高校师资管理研究[M]. 天津：天津大学出版社，2019.

[23]周甜甜. 高校图书馆管理与读者服务研究[M]. 延吉：延边大学出版社，2019.

[24]苟生平. 高校公寓管理服务的探索与实践[M]. 成都：电子科技大学出版社，2019.

[25]于红，李茂银. 高校图书馆管理与服务创新研究[M]. 长春：吉林人民出版社，2019.

[26]蒋俊凯，李景刚，张同乐刘姝辰. 现代高绩效人力资源管理研究[M]. 北京：中国商务出版社，2019.

[27]吴文亮. 信息化时代高校英语教学理论的解构与重塑[M]. 长春：吉林大学出版社，2019.

[28]王振伟. 新时期高校图书馆读者服务工作研究[M]. 北京：北京理工大学出版社，2019.

[29]张丰智，李建章. "双一流"建设背景下高校图书馆建设与服务[M]. 北京：北京邮电大学出版社，2019.

[30]曾晓娟，阎晓军. 高校青年教师心理资本研究[M]. 沈阳：东北大学出版社，2019.